VIVE LE VIN !

KARYNE DUPLESSIS PICHÉ

VIVE LE VIN !

SAVOIR LE GOÛTER, LE CHOISIR ET L'APPRÉCIER

~

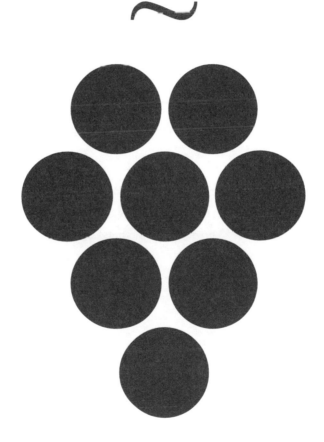

LES ÉDITIONS **LA PRESSE**

Catalogage avant publication de Bibliothèque et Archives nationales du Québec et Bibliothèque et Archives Canada

Duplessis Piché, Karyne, 1985-
Vive le vin ! : savoir le goûter, le choisir et l'apprécier
Comprend un index.
ISBN 978-2-89705-193-8
1. Vin. 2. Vin - Dégustation. I. Titre.
TP548.D86 2013   641.2›2   C2013-942154-8

Présidente Caroline Jamet
Directrice de l'édition Martine Pelletier
Directrice de la commercialisation Sandrine Donkers

Éditrices déléguées : Nathalie Guillet et Martine Pelletier
Couverture : Rachel Monnier
Conception grille intérieure, mise en page et infographie :
Cyclone Design Communications
Photo couverture arrière : Isabelle Paille

L'éditeur bénéficie du soutien de la Société de développement des entreprises culturelles du Québec (SODEC) pour son programme d'édition et pour ses activités de promotion.

L'éditeur remercie le gouvernement du Québec de l'aide financière accordée à l'édition de cet ouvrage par l'entremise du Programme de crédit d'impôt pour l'édition de livres, administré par la SODEC.

Nous reconnaissons l'aide financière du gouvernement du Canada par l'entremise du fonds du livre du Canada (FLC).

LES ÉDITIONS **LA PRESSE**
7, rue Saint-Jacques
Montréal (Québec) H2Y 1K9

TABLE DES MATIÈRES

SECTION 4 : À TABLE !

SECTION 5 : À LA CAVE

PRÉFACE

Le milieu québécois du vin a considérablement changé depuis, disons, trois décennies. Les Québécois s'y connaissaient au départ très peu, ils s'y connaissent désormais de plus en plus et… de plus en plus jeunes.

Karyne Duplessis Piché, qui a moins de 30 ans, en est un très bon exemple. Venue au vin très tôt – elle avait 20 ans au moment de sa première visite d'un vignoble, celui d'Alsace, pendant ses études en Sciences politiques à Grenoble –, elle a emmagasiné, depuis, un lot considérable de connaissances, autant en ce qui regarde la dégustation que sur le plan des connaissances encyclopédiques.

Résultat, son propos, comme le lecteur sera à même de le constater, est large, très vaste. Elle aborde en effet, dans son ouvrage, de multiples sujets : la dégustation, les terroirs, les cépages, les types d'agriculture (raisonnée, biologique, etc.), y compris au Québec, dont elle connaît très bien le vignoble, les vinifications, les accords vins-mets et plus encore.

Le ton est familier, très personnel – et c'est tant mieux –, car, comme on sait, il y a une grande part de subjectivité dans tout ce qui concerne cette boisson si fascinante qu'est le vin, particulièrement en ce qui a trait à la dégustation. Son ouvrage en témoigne à sa façon.

Elle sait beaucoup de choses, manifestement, et nous en apprend. Entre autres, que la France viticole, avec une superficie de 3 % de l'ensemble des cultures, utilise 20 % des pesticides ; que la femme enceinte (elle l'a été) a un odorat incroyablement efficace, précis ; elle explique aussi, chose inusitée, la manière, plus simple qu'on le croit, de sabrer une bouteille de champagne. Et ainsi de suite.

Elle se permet aussi de rompre avec certains dogmes, par exemple en ce qui regarde les accords vins-mets. « Un accord réussi est un accord qui vous plaît », écrit-elle. Car – qui l'ignore ? –, plusieurs vins, sinon bon nombre, sont susceptibles d'accompagner tel ou tel plat. Un bon bordeaux met en valeur l'agneau, mais il peut également briller avec beaucoup d'autres mets.

« Des dizaines de vins peuvent accompagner le même plat. Il suffit de faire vos propres essais », écrit-elle.

Or, ma collègue est particulièrement inventive à ce chapitre puisqu'elle propose nombre d'accords auxquels on ne s'attend pas. Elle y va ainsi de suggestions de vins à servir avec les soupes… alors que, selon les idées reçues, on s'en abstient avec ces mets liquides. C'est rafraîchissant !

J'ajouterai qu'elle procède essentiellement, pour la majeure partie de son ouvrage (après la mise en bouche fort soignée du début portant sur la dégustation), par questions-réponses.

Jacques Benoit

À Martin et Arthur

AVANT-PROPOS

Karyne croquant une grappe de pinot noir en Alsace.

Pop ! Le bouchon saute. Cling ! Les verres s'entrechoquent pour célébrer. Pas besoin de tout savoir, d'utiliser des mots savants et de lever le petit doigt en buvant pour être en mesure d'apprécier le vin. Une bonne dose de curiosité et de gourmandise, et vous voilà plus qu'un simple amateur.

Ce n'est pas toujours vrai, dites-vous ? D'accord. Certaines dégustations se déroulent dans une atmosphère si sérieuse et si cérémoniale, peut-être à cause du prix élevé des bouteilles, que l'on oublie parfois que le vin, c'est tout d'abord du jus de raisin fermenté !

Vous pouvez donc vous décontracter. Je vous propose d'apprendre à déguster, à choisir et à apprécier le vin le plus simplement du monde.

Savoir déguster, c'est surtout connaître les vins que l'on aime. Pour vous aider, j'ai choisi, dégusté et commenté dix vins, que je vous invite à tester en ma compagnie.

Je vous proposerai entre autres une visite chez le vigneron, qui vous fera sentir sa terre afin de comprendre son terroir. L'instant d'après, vous devrez revêtir vos plus chics habits pour visiter de prestigieux châteaux qui vous feront peut-être rêver de vous payer un jour leurs bouteilles. C'est parfois paradoxal, le monde du vin !

Pour faciliter vos dégustations et le service du vin, j'ai truffé ces pages d'astuces et d'expressions de pro. Vous saurez comment refroidir votre bouteille à la dernière minute, comment sabrer un mousseux et même, comment épater vos amis « snobs de vin ».

Je vous présenterai également des pistes d'accords mets et vins qui raviront vos convives et titilleront leurs papilles. Et bien plus encore...

Sur ce, ouvrez une bouteille, et *Vive le vin !*

Karyne

Pour me suivre sur Twitter
@robealabouche

SECTION 1

Avant de déguster

~

Le meilleur moyen de s'initier au vin, c'est de le déguster
La première fois que j'ai enseigné quelques notions de base à des
amis, ils n'ont pas tardé à me souligner qu'il manquait à mon exposé
un élément essentiel : à boire ! Je vous encourage donc à tourner ces
pages d'une main et à tenir un verre de l'autre. Vous tacherez peut-
être votre livre, mais ça fait partie de l'expérience...

Je vous propose de vous procurer dix bouteilles et de les déguster en ma compagnie, comme si j'étais assise avec vous dans votre salon. L'idée n'est pas d'acheter et d'ouvrir toutes les bouteilles au même moment, mais de les déguster à votre rythme. Vous pouvez commencer par une seule bouteille ou en acheter plusieurs afin de les comparer. Il suffit ensuite de respecter la marche à suivre.

Inutile de s'initier à la dégustation avec des cuvées dispendieuses ou dont les odeurs et le goût sont si subtils qu'ils confondent même les pros. Quand on débute, on veut que ce soit évident aussi bien au nez qu'en bouche. C'est pourquoi j'ai choisi des vins à base de différentes variétés de raisin dont les caractéristiques sont faciles à reconnaître. Mes choix se sont portés sur des vins dont les prix se situent – au moment d'écrire ces lignes – entre 11 $ et 21 $.

Ces dix vins nous accompagnent tout au long du livre. Vous les trouverez dans toutes les capsules de dégustation.

LES VINS À DÉGUSTER

Lors de votre prochaine visite à la Société des alcools du Québec, procurez-vous l'une ou plusieurs de ces bouteilles :

Vins blancs

Vin rosé

01

02

03

04

05

TORRES VINA SOL,
CODE SAQ :
00028035,
ESPAGNE

SAINT CLAIR SAUVIGNON BLANC,
CODE SAQ :
10382639,
NOUVELLE-ZÉLANDE

VALE DA JUDIA,
CODE SAQ :
10513184,
PORTUGAL

CHÂTEAU STE-MICHELLE COLUMBIA VALLEY,
CODE SAQ :
11416116,
ÉTATS-UNIS

COSTE DELLE PLAIE CERASUOLO D'ABRUZZO,
CODE SAQ :
11904355,
ITALIE

Vins rouges   ## Vin mousseux

06 07 08 09 10

**LES JARDINS
DE BAGATELLE,**
CODE SAQ :
11975209,
FRANCE

**ALAIN LORIEUX
CHINON
EXPRESSION**
CODE SAQ :
00873257,
FRANCE

**DOMAINE
THYMIOPOULOS
XINOMAVRO,**
CODE SAQ :
11607617,
GRÈCE

**PETER
LEHMANN
SHIRAZ,**
CODE SAQ :
10829031,
AUSTRALIE

**BISOL
CREDE,**
CODE SAQ :
10839168,
ITALIE

LE CHOIX DU VERRE

Le choix du verre est presque aussi important que le vin que l'on y verse. Faites le test. Servez le même vin dans un verre petit et épais, comme ceux utilisés pour l'eau, un verre en métal, un en plastique et un dernier possédant toutes les caractéristiques idéales. Vous verrez tout de suite la différence en goûtant le contenu de chacun.

Le verre parfait respecte les trois critères suivants :

Il est mince

Le verre mince est léger et facile à manipuler. Le buvant – l'endroit où on pose nos lèvres –, doit lui aussi être fin. Le verre très épais rend l'expérience de la dégustation désagréable même si le vin est très bon.

Il est transparent

Les globes colorés sont très jolis sur une table, mais il nous empêche de voir la couleur du vin. Ils nous privent ainsi d'une véritable mine de renseignements. En effet, la couleur du vin permet entre autres d'estimer son âge, de savoir s'il a été filtré ou non et s'il contient des dépôts. Ce sont des détails importants pour les dégustateurs.

Les parois du globe se referment vers l'intérieur

Ce type de verre permet de concentrer les arômes du liquide vers le nez du dégustateur. Il est ainsi plus facile de percevoir les odeurs du vin.

Sa forme

Chose certaine, en matière de verres, ce n'est pas le choix qui manque! Les verriers offrent un différent format pour chaque cépage et pour chaque type de vin. Si vous vous laissez tenter, il vous faudra bientôt ajouter de nouvelles armoires dans votre cuisine pour ranger tous ces verres!

L'idéal est de s'en procurer une série pour les blancs, une pour les rouges et quelques verres pour les effervescents. Pour que la table soit décorée de manière harmonieuse, il est préférable de choisir des verres de forme apparentée. Pour faciliter les choses, optez pour les séries fabriquées par la même compagnie.

Si vous manquez de rangement ou si votre budget est limité, vous pouvez vous procurer un seul format de verre pour tous les types de vin, soit un dont la capacité est d'environ 375 ml. Il convient aussi bien aux rouges tanniques qu'aux blancs légers et aux mousseux.

Lors de votre achat, demandez si les verres se nettoient au lave-vaisselle et s'ils sont résistants aux impacts. Vous apprécierez que leur entretien soit facile.

Ne vous reste qu'à choisir son *look*, arrondi ou avec des angles définis, et le tour est joué.

Le verre à vin rouge

Les rouges sont généralement servis dans des verres dont le globe est volumineux. Ce format maximise le contact du vin avec l'air, ce qui facilite la perception de ses arômes et adoucit ses tannins. Les grands verres sont en quelque sorte des minicarafes. Plus le vin est râpeux et asséchant en bouche (tannique), plus il est important que le verre soit gros.

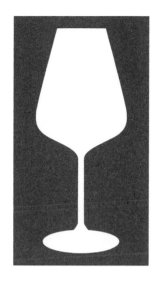

QUELS VINS SERVIR DANS LES VERRES SANS PIED?
Aucun! Ils ont été créés par la prestigieuse marque Riedel en 2003. S'ils sont encore aujourd'hui très tendance, ils possèdent un défaut de taille : le dégustateur réchauffe le liquide avec ses mains en les tenant. Si vous en avez à la maison, servez-y vos vins d'apéro en petites quantités. Une fois à table, mettez-les de côté ou versez-y de l'eau.

INCASSABLES
La marque Œnophilia commercialise des verres en plastique dont le *look* et la forme imitent à la perfection ceux de cristal. Ils sont minces, légers, transparents et incassables. C'est magique ! Ils sont parfaits pour la terrasse (quand les enfants turbulents courent autour de vous), en camping, sur le bord de la piscine ou en bateau. De retour à la maison, ils se nettoient au lave-vaisselle. Vous les trouverez dans la plupart des boutiques spécialisées.

CHAPELET
Lorsque les bulles se suivent à la queue leu leu dans un verre, qu'elles sont denses et très rapprochées, les experts disent qu'elles forment un chapelet ou un train de bulles.

Le verre à vin blanc
Les blancs nécessitent souvent moins d'air que les rouges pour dévoiler leur potentiel. C'est pourquoi la plupart des blancs sont versés dans de petits verres. Dans ce format, le liquide, servi rafraîchi, n'a pas le temps de se réchauffer. Futé ! Quant aux blancs costauds et plus riches, ils sont versés moins froids et dans des verres un peu plus gros.

Le verre à vin effervescent
Plusieurs personnes utilisent des flûtes minces et longues quand vient le temps de boire du champagne. Pourtant, elles ne sont pas idéales. Étonnant ? Leur forme allongée permet certes d'admirer les bulles monter à la surface, mais l'ouverture étroite de leur globe empêche de pouvoir humer ses arômes. Vous serez d'accord avec moi : vu le fort prix payé pour une bouteille de champagne, on veut pouvoir l'apprécier pleinement !

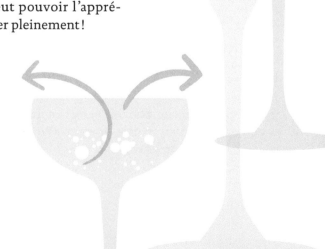

Les coupes à champagne, dont le récipient est très large et peu profond, peuvent prendre la direction de la poubelle ou servir comme bols à salade de fruits. Le contact entre le vin et l'air est trop grand dans ce type de verre. Le mousseux perd trop rapidement son effervescence. Les arômes s'envolent par son ouverture très évasée. Impossible d'y détecter les arômes…

La solution ? Les flûtes dont la forme s'apparente à celle des verres à vin blanc. Elles offrent une combinaison parfaite. Elles permettent de bien déguster le champagne tout en regardant ses bulles monter à la surface. Si vous n'en possédez pas, sortez les verres pour vin blanc !

LA BONNE QUANTITÉ

Pour bien déguster un vin, inutile de remplir votre verre à ras bord. Il suffit de verser la quantité de liquide équivalant au tiers ou au quart du volume du globe (environ 125 ml ou 4 onces). Ce niveau permet de pencher le verre pour regarder la couleur du vin sans en renverser partout sur la nappe et de faire tourner le liquide en épargnant la chemise de votre voisin. En petite quantité, le vin se réchauffe aussi moins vite.

BIEN TENIR LE VERRE

On peut facilement différencier le néophyte du pro simplement par la manière dont il tient son verre. La règle est simple : il faut le tenir par la jambe (tige) ou par le pied, mais jamais par le globe (calice). Contrairement à ce que certains pourraient croire, cette façon de faire est bien plus qu'une question de snobisme. Elle permet d'éviter de salir le globe avec les doigts et de réchauffer le liquide avec la main. Quoi de plus décevant qu'un blanc chaud ?

PRÊT À DÉGUSTER ?

La dégustation est un exercice qui demande beaucoup de concentration, car il faut analyser plusieurs éléments en même temps. Une foule de facteurs, comme l'état physique et l'heure de la journée, influencent de plus la perception du dégustateur. Il faut donc éviter de déguster un vin quand vous êtes fatigué pour maximiser votre concentration. Le meilleur moment pour le faire est le matin lorsque les papilles sont reposées.

Venu le temps de goûter, il faut avoir le palais le plus propre possible. Je ne parle pas ici de se brosser les dents (le goût de la pâte dentifrice interférerait avec celui du vin), mais plutôt de manger au préalable un aliment au goût neutre, comme du pain blanc, et de boire de l'eau. Cela permet de juger le vin tel quel, sans se laisser influencer par le plat qui l'accompagne.

La dégustation est une analyse « brute », un peu comme le designer qui prend les mensurations d'un mannequin avant un défilé. Lorsque ces mesures sont prises, il est plus facile de choisir les vêtements appropriés pour le modèle.

Une fois que l'on connaît les arômes d'un vin et que l'on est capable de reconnaître s'il est léger ou corsé, il est plus facile de marier ses bouteilles avec des plats et de savoir à quel type d'événement ou de moment elles sont le mieux adaptées.

Vous êtes prêt maintenant ? On commence à goûter.

Ne reste plus qu'à sortir vos verres.

SECTION 2

À vos verres !

~

Maintenant que vous avez tout en main pour bien déguster, servez-vous à boire !

Asseyez-vous confortablement avec des amis autour d'une table, en amoureux sur le canapé ou seul avec ce livre. Ayez à la main un crayon et une feuille pour noter vos commentaires. La dégustation peut commencer.

REGARDER

Première chose : regarder la couleur du vin, aussi appelée la robe. Si la robe s'évalue en un coup d'œil rapide, elle donne de l'information au dégustateur sur plusieurs éléments : la santé du vin, son âge, la méthode de vinification, le type de raisin utilisé. Ça pique votre curiosité, n'est-ce pas ? Voici les explications.

Comment regarder la couleur du vin ?

Il faut prendre le verre par la jambe (ou tige) et l'incliner à 45 degrés au-dessus d'une surface blanche. Pourquoi une surface blanche ? Car il est plus facile de déterminer la couleur du vin et son intensité sur du blanc. Assurez-vous d'être dans un endroit bien éclairé. Vous remarquerez que les experts s'assoient toujours à l'endroit où il y a le plus de lumière dans une pièce. Ce n'est pas sans raison !

Une fois le verre incliné, le vin forme un disque sur une des parois.

Pour bien percevoir sa couleur, vos yeux doivent se poser au-dessus du liquide. Selon le vin choisi, la couleur se décline dans un éventail infini de jaunes, de roses et de rouges. Notez la couleur du disque, puis celle de son contour. Il y a parfois une subtile différence de couleur entre les deux, car il y a moins de liquide sur le pourtour. Cette différence est un bon indicateur de l'âge du vin. Par exemple pour les rouges, les contours violacés indiquent la jeunesse du liquide, tandis que ceux plus brunâtres démontrent son âge avancé.

Pour évaluer l'intensité de la couleur (de translucide à opaque), placez votre doigt entre le verre et la surface blanche. Peut-être verrez-vous clairement votre doigt, peut-être non (si c'est un rouge). Le vin est plus ou moins opaque. Cet élément donne surtout un indice du type de raisin utilisé et de son goût, car certains types de raisin colorent davantage le liquide que d'autres. Prenez note de son intensité. Les rouges très pâles ont tendance à être plus légers et ceux plus opaques à être plus costauds.

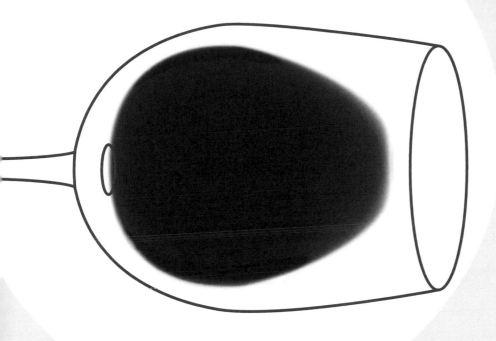

Une fois le verre incliné, le vin forme un disque sur une des parois.

Rappelez-vous que l'habit ne fait pas le moine. Ainsi, un rouge très pâle peut se révéler en bouche beaucoup plus costaud qu'il y paraît. Surprise !

Qu'est-ce qui influence la couleur des blancs ?

Avez-vous remarqué que les vins blancs sont rarement blancs ? Ils sont plutôt jaunes, dorés ou verdâtres. Contrairement aux rouges dont la couleur provient de la peau des raisins, la robe des blancs est très peu influencée par celle du fruit. D'abord parce que la peau des raisins verts contient moins de pigments de couleur que celle des rouges, ensuite parce que les peaux restent rarement en contact avec le jus lors de la vinification des vins blancs. C'est complètement l'inverse pour les rouges.

CAPSULE DÉGUSTATION : LA ROBE

Vins blancs

01

TORRES

JAUNE TRÈS PÂLE, PRESQUE INCOLORE.

02

SAINT CLAIR

JAUNE-VERT PÂLE.

03

JUDIA

JAUNE PÂLE, AVEC DES REFLETS VERTS.

04

STE-MICHELLE

REFLETS DORÉS ET BRILLANTS.

Vin rosé

05

COSTE DELLE PLAIE

SAUMONÉE PÂLE, TRÈS BRILLANTE.

Vins rouges

06

BAGATELLE

CERISE VIOLACÉE PÂLE.

07

LORIEUX

RUBIS MOYENNE-MENT SOUTENU.

08

THYMIOPOULOS

CERISE PÂLE, TRANSLUCIDE ET REFLETS VIOLACÉS.

09

LEHMANN

RUBIS PRESQUE OPAQUE.

Vin mousseux

10

BISOL

JAUNE PÂLE. BULLES FINES ET ABONDANTES.

La couleur des vins blancs dépend surtout du type d'élevage. Celui-ci peut être fait en fût de chêne ou en cuve d'acier inoxydable. Selon la méthode d'élevage utilisée, le vin se retrouve plus ou moins

Grappe de gewurztraminer au domaine Hugel, en Alsace. Les raisins verts sont plutôt... rosés.

Photo : Domaine Hugel

en contact avec l'air, lequel a pour effet de l'oxyder et de changer sa couleur. Si le vin est élevé en fût de chêne, sa robe est généralement plus dorée, puisque le fût (ou la barrique) n'est pas tout à fait hermétique. En revanche, si le vin est élevé dans des cuves d'acier inoxydable, il est protégé de l'air, puisque ce contenant est étanche. Sa robe est donc plus pâle.

Dans les deux cas, une fois le vin embouteillé, le liquide continue sa lente oxydation. C'est pour cette raison que la robe des vieux blancs est parfois ambrée.

Quant aux blancs jeunes, ils possèdent souvent des reflets verts. Cette particularité est un reliquat de

?

LA MACÉRATION PELLICULAIRE

Les vignerons laissent parfois les peaux des raisins verts en contact avec le jus pour ajouter plus de saveurs à leur liquide. Cette pratique se nomme la « macération pelliculaire ». Selon la durée du contact et le type de raisin utilisé, cette technique peut avoir comme effet de colorer le vin blanc. C'est le cas avec les raisins de gewurztraminer ou de pinot gris dont la peau a la particularité d'être rosée.

Les « vins orange » sont quant à eux des blancs élaborés surtout en Italie, dont les peaux sont restées en contact avec le jus pendant plusieurs mois. Lors de la mise en bouteille, le liquide prend une couleur orangée. Vous n'avez jamais bu de vin orange ? Pas surprenant ! Ces cuvées sont rares...

la chlorophylle contenue dans les petites tiges de bois de la grappe, appelées « la rafle », qui a coloré le liquide lors de l'extraction du jus. Au fil des mois et de l'oxydation, cette teinte verte disparaît au profit d'un jaune plus soutenu.

En résumé, les reflets verdâtres indiquent que le vin est jeune. Les robes très pâles, presque incolores, signifient que le vin a été (presque toujours) élevé en cuve d'acier inoxydable et les robes dorées rappellent souvent l'élevage en fût de chêne. Quant aux vins ambrés et brunâtres, ils indiquent l'âge avancé du liquide.

Qu'est-ce qui influence la couleur des rouges ?

La variété de raisin et la méthode de vinification ont un impact direct sur la couleur du vin. Les pigments de couleur, appelés les anthocyanes, se trouvent dans la peau des fruits. Plus le raisin est riche en anthocyanes, plus la robe du vin pourra être foncée. Le temps de contact entre les peaux et le jus lors de la vinification, processus appelé la macération, joue aussi un rôle dans la couleur des rouges. Plus long est le contact des peaux avec le jus, plus le liquide sera foncé.

INCOLORE ?
La chair de la plupart des raisins rouges est incolore. Si bien que si les vignerons ne laissent pas les peaux en contact avec le jus, le vin pourrait être... blanc ou rosé.

Les raisins rouges dont la chair est colorée se nomment « les cépages teinturiers ». Il suffit d'en mettre dans son vin pour rehausser la couleur de sa robe. Ces variétés sont interdites dans les vins d'appellation d'origine contrôlée de France. L'alicante bouschet, reconnu comme cépage teinturier, est toutefois accepté au Portugal.

C'est aussi dans les peaux des raisins que se trouvent les meilleurs tannins (voir page 56). Plus longtemps les peaux restent en contact avec le liquide, plus le vin risque d'être costaud et tannique. Ainsi, les raisins de gamay et de pinot noir, moins riches en anthocyanes, sont reconnus pour leur robe plutôt pâle et leurs vins plus légers. En revanche, le malbec, la syrah, le grenache et les cabernets, riches en matière colorante et en tannins, donnent des vins plus colorés et souvent très corsés en bouche.

Les pigments de couleur réagissent au contact de l'acidité du vin. Ils prennent une teinte violacée et brillante lorsque l'acidité du vin est élevée. C'est pourquoi on retrouve cette couleur chez les rouges jeunes. Avec l'oxydation qui se produit lors de l'élevage et en bouteille, l'acidité du vin diminue. Les reflets bleu violet s'estompent donc.

Les tannins contenus dans les rouges changent également de couleur avec le temps. Ils se dégradent et prennent une teinte orangée.

En résumé, les reflets bleus ou violets sont une indication de la jeunesse du vin. À l'inverse, une couleur brunâtre dévoile l'âge avancé du liquide. Les rouges pâles indiquent souvent que le vin est léger, tandis que les robes très foncées et opaques annoncent un rouge costaud. Mais il ne faut pas juger le vin uniquement par sa robe. Un rouge très pâle peut être très costaud. Le rouge grec dégusté dans le présent ouvrage est un bon exemple.

Qu'est-ce qui influence la robe des rosés ?

Il existe deux catégories de rosé : celle dont la robe est très pâle, et celle dont la couleur est presque rouge. Qu'est-ce qui explique cette différence ? La méthode de vinification.

LES CÉPAGES TEINTURIERS

On entend souvent dire, à tort, que certains raisins très riches en anthocyanes sont des cépages teinturiers. C'est faux ! Olivier Yobrégat de l'Institut français de la vigne et du vin précise que « ce qui caractérise un cépage teinturier est la coloration de son jus et de sa chair, indépendamment de celle de sa pellicule (peau) ».

Les rosés très pâles sont produits de la même manière que les vins blancs. Ce qui signifie que les raisins sont pressés pour extraire le jus et que leurs peaux (qui contiennent, rappelons-le, la couleur) ne sont pas mises en contact avec le jus. Le liquide obtenu est donc très pâle. Cette robe est qualifiée de saumonée, de pêche, de melon ou semblable à celle d'une pelure d'oignon.

En revanche, les rosés plus foncés sont souvent élaborés comme les vins rouges. Les peaux restent donc en contact avec le jus dans la cuve lors de la vinification. Le liquide sera alors de couleur framboise ou cerise de manière plus ou moins soutenue.

Comme dans les vins rouges, les rosés très pâles sont souvent plus légers en bouche que les rosés très foncés.

Comment regarder la robe des mousseux ?

Qu'elle soit incolore, rosée ou rouge, la couleur des vins effervescents s'évalue de la même manière que la robe d'un vin tranquille. Il faut cependant tenir compte d'un aspect supplémentaire : son effervescence.

DES BULLES…
Un verre de champagne contient en moyenne 2 millions de bulles. Ce nombre a de quoi vous rendre effervescent !

Source : Gérard Liger-Belair, professeur à l'université de Reims.

La quantité de bulles dans un verre ne correspond pas à la technique de vinification utilisée et n'est pas non plus un facteur de qualité. Elle indique surtout la propreté du verre ! Plus il reste de résidus de savon ou de peluches laissées par le linge à vaisselle dans le verre, plus les bulles sont abondantes. Les imperfections du verre favorisent aussi la création de bulles. À l'inverse, si l'intérieur du verre est d'une propreté irréprochable et sans défaut, ses parois seront si lisses que le gaz carbonique ne pourra s'y accrocher et former des bulles. Voilà ! Maintenant que vous savez ce secret, n'allez pas penser que vos hôtes sont malpropres si vous voyez des bulles dans votre verre... Profitez plutôt de l'occasion pour évaluer les bulles du vin.

En tenant le verre devant vos yeux, attardez-vous à la taille des bulles et à leur vitesse d'ascension. Sont-elles grosses ou fines? Est-ce que l'effervescence persiste longtemps dans le verre ou est-ce qu'elle s'évapore rapidement? Ces éléments peuvent donner des indices sur la quantité de gaz et, en de rares exceptions, sur la catégorie de vin effervescent (pétillant, mousseux ou perlant, (voir page 146). Par exemple, si le vin ne contient que quelques bulles sporadiques, il pourrait s'agir d'un vin perlant comme un vinho verde.

La mode des couleurs

Des rouges ultra-opaques, des blancs étincelants et des rosés très pâles, il n'y a pas que les vêtements qui sont soumis aux diktats de la mode. La couleur des vins aussi. Pour augmenter l'intensité de la couleur, et plaire ainsi aux amateurs de rouges foncés, certains producteurs ajoutent du colorant à leurs vins. D'autres filtrent leurs blancs de manière qu'ils soient très limpides et que leur brillance soit maximisée. Puisque l'intensité de la robe peut se modifier selon les tendances, vous comprendrez qu'il est impossible de juger de la qualité d'un vin uniquement par sa couleur!

Que sont les résidus solides au fond de la bouteille?

La plupart des vins sont clairs et brillants. Il arrive cependant que de petits résidus s'accumulent au fond de la bouteille ou du verre. Pas d'inquiétude, ça ne signifie pas nécessairement que le vin est malade.

Le dépôt qui se trouve dans les vins jeunes est composé de levures mortes et de bactéries. Avant de

UN BRIN D'HISTOIRE
Les vins de Bordeaux sont reconnus pour leur grand potentiel de garde, pour leur robe foncée et pour leur bouche corsée. Ils ont pourtant déjà été... rosés! Lorsque les Anglais ont commencé l'importation des vins de Bordeaux à la fin du Moyen Âge, la robe des vins était si pâle qu'ils les ont surnommés « claret ». À cette époque, la peau des raisins restait moins longtemps en contact avec le jus lors des fermentations, d'où la couleur très pâle de leurs rouges. Ce n'est que depuis quelques siècles que les vins de Bordeaux ressemblent à ceux dégustés aujourd'hui.

Depuis 2011, les Bordelais mettent de nouveau en marché ces vins pâles et légers. Ils ont d'ailleurs autorisé l'utilisation du mot « claret » pour leurs vins génériques. Nouvelle mode?

mettre le vin en bouteille, la majorité des vignerons filtrent le liquide pour retirer ces matières solides. Dans le cas des vins bios ou nature, le nom le dit, il y a moins d'interventions de la part des producteurs pendant la vinification. Par conséquent, ils filtrent moins leurs vins avant leur commercialisation. Résultat : leurs vins ont plus souvent des dépôts.

Le dépôt est plus commun dans les vieux vins rouges. Pourquoi ? Parce qu'avec le temps, les matières colorantes et les tannins se décomposent et s'accumulent au fond de la bouteille. Il faut être vigilant lors du service des vieux vins pour ne pas mélanger le dépôt avec le liquide (voir page 176).

Dans de rares exceptions, les vins troubles ayant une apparence laiteuse ne sont pas bons. Ce défaut est en général causé par des bactéries. Avec les progrès œnologiques des dernières décennies, ces maladies sont toutefois de moins en moins fréquentes.

Que sont les cristaux blancs dans la bouteille ?

Avez-vous déjà remarqué la présence de cristaux blancs, semblables à du gros sel, dans votre bouteille de vin ? Ils se logent parfois au fond de la bouteille ou sous le bouchon. Ce ne sont ni des cristaux de sel ni de sucre. Ce sont plutôt des cristaux de tartre.

Le vin contient une centaine de différents acides dont de l'acide tartrique. Lorsque la température du vin baisse, par exemple lors du transport, cet acide réagit avec le potassium et le calcium, puis se cristallise. Votre vin a donc simplement pris froid.

Pour éviter la formation de ces cristaux, les vignerons abaissent la température de leurs vins avant de les embouteiller. On remarque ces cristaux plus

BON OU PAS BON ?
Certains vignerons filtrent si peu leurs vins ou ajoutent si peu de stabilisants (sulfites) que leurs blancs sont laiteux, de couleur blanchâtre. Cela ne signifie pas pour autant que le vin n'est plus bon.

Malgré leur robe très originale, ces cuvées sont parfois délicieuses. Pour le savoir, goûtez-le. Vos papilles sont l'ultime juge.

fréquemment dans les vins blancs et les rosés, car la couleur intense des rouges masque leur présence. Est-ce qu'ils changent le goût du vin ? Pas vraiment. S'il y a eu formation de cristaux dans la bouteille, le vin sera tout simplement un peu moins acide.

Que sont les traces laissées sur les parois du verre ?

Les traces laissées sur les parois du verre fascinent les dégustateurs. Selon la fertilité de leur imagination, ils les appellent les larmes, les jambes ou la cuisse. Pourtant, ces traces n'ont rien de triste ou de sensuel. Le vin est principalement constitué d'alcool et d'eau. Cette dernière étant plus lourde que l'alcool, elle glisse rapidement le long des parois, tandis que l'alcool, plus léger, a tendance à s'accrocher davantage au verre.

Imaginez deux amis sur leur traîneau côte à côte lors d'une descente. Le plus lourd des deux arrivera le premier au bas de la piste. C'est la même chose pour le vin. L'eau glisse sur les parois et retourne rapidement au fond du verre. Pendant ce temps, l'alcool traîne derrière. Plus le vin est chargé en alcool, plus ces traces sont nombreuses. Ce phénomène s'explique aussi par l'évaporation des différents composés du vin et le mécanisme des fluides, détaillé par le physicien Carlo Marangoni. Ce phénomène porte aujourd'hui le nom de l' « effet Marangoni ».

Ces traces ne sont ni une qualité, ni un défaut. Plusieurs personnes expliquent, à tort, que le glycérol – composé du vin responsable de son moelleux –, entraîne la formation de ces larmes. Ce n'est pas tout à fait vrai ! Si le glycérol peut enrichir les larmes et les rendre plus épaisses, il ne les cause pas.

SENTIR

Vous avez bien regardé le vin, vous devez maintenant le sentir. Rien de plus simple ! Il suffit de plonger votre nez dans le verre et d'inspirer. Bien que plusieurs experts en vin possèdent un gros nez, ne vous inquiétez pas, ce n'est pas un préalable pour devenir un bon dégustateur… Il faut plutôt de la concentration et posséder une bonne mémoire. Si nécessaire, fermez les yeux et inspirez de nouveau. Chose surprenante, le vin sent rarement le raisin !

INFLUENÇABLE
On dit parfois, à la blague, qu'un bon dégustateur n'a pas seulement un bon nez, mais aussi de bonnes oreilles. On laisse ici entendre que la dégustation est un exercice subjectif et qu'il est facile de se laisser influencer. C'est vrai !

Dites à vos invités que vous sentez de la banane dans un vin. Vous verrez, ils acquiesceront.

Pour déjouer cette théorie et évaluer le vin de manière objective, concentrez-vous, prenez votre temps et surtout, faites-vous confiance !

CAPSULE DÉGUSTATION : LE 1er NEZ

01
TORRES
TRÈS DISCRET.
POMMES
VERTES.

02
SAINT CLAIR
TRÈS EXPRESSIF ! ANANAS,
PAMPLEMOUSSE BLANC,
CITRON, PISSENLIT ET
UN PEU SALIN.

03
JUDIA
LITCHI,
PÊCHE,
ABRICOT.

04
STE-MICHELLE
BEAUCOUP
DE VANILLE.

05
**COSTE DELLE
PLAIE**
SUBTIL.
FRAMBOISE
ET FLEURS
BLANCHES.

06
BAGATELLE
ÇA SENT LA DINDE DE
NOËL : CANNELLE,
MUSCADE ET
CANNEBERGES.

07
LORIEUX
TERRE MOUILLÉE,
SABLE ET
POIVRON VERT.

08
THYMIOPOULOS
PEU EXPRESSIF.
MÉLANGE DE
ROMARIN, D'HERBE
ET DE TERRE
(GARRIGUE).

09
LEHMANN
CIRAGE DE
CHAUSSURE
ET SIROP
AUX CERISES.

10
BISOL
LES FRUITS
JAUNES :
POMMES
ET POIRES.

D'où viennent les arômes ?

Comment un vin blanc produit avec des raisins verts peut-il sentir l'urine de chat, la poire, la rose ou la vanille ? Contrairement aux sirops contre la toux à « saveur de banane », ces odeurs ne devraient pas avoir été ajoutées dans le vin. Les arômes proviennent du fruit, de la fermentation et de l'élevage du vin. On les classe selon leur provenance et leur évolution en trois catégories.

Les arômes primaires
Ces arômes proviennent du fruit, le raisin. Ils sont contenus dans la baie. Ils se nomment aussi arômes « variétaux » ou « de cépages ». Certaines odeurs, comme celle du muscat, sont déjà perceptibles au moment de la récolte. D'autres se libèrent lors de la fermentation. La rose et le litchi, souvent associés au gewurztraminer, ou encore le poivron vert relié au cabernet sauvignon sont des arômes primaires.

Les arômes secondaires
D'autres arômes se développent lors de la fermentation comme ceux de la pomme, de la poire et du melon que l'on retrouve dans les vins blancs. Ce sont les arômes secondaires. Certains vins subissent une deuxième fermentation, appelée la « malolactique ». Celle-ci est responsable des notes de beurre, de crème ou de lait.

Les arômes tertiaires
Les arômes tertiaires sont apportés par l'élevage en barrique (fût) de

chêne et le vieillissement du vin. Le bois parfume le vin de notes grillées, de noix de coco, de noisette et d'épices. Les odeurs décelées chez les vieux vins, comme les fruits séchés ou les champignons, sont également qualifiées d'arômes tertiaires.

L'évolution des arômes

Au cours de sa vie, les arômes du vin évoluent. On dit qu'en jeunesse, les arômes rappellent le fruit, la variété de raisin, et qu'en vieillissant, le vin retourne à la terre, dans les racines de la vigne. En d'autres mots, un jeune vin sent le fruit tandis qu'un vieux vin sent la terre et les feuilles mortes. Les arômes de fruits frais se transforment plus ou moins lentement en fruits confits, en compote ou en fruits séchés.

Est-ce que les vieux vins sont meilleurs que les jeunes ?

C'est une question de goût ! Il est vrai que plusieurs experts couvrent d'éloges les vieux vins, car ils s'adoucissent, surtout les rouges, avec le temps. Ces nectars sont plus souples et soyeux en bouche. C'est très agréable !

En revanche, ces vins perdent avec l'âge le côté croquant, juteux et rafraîchissant qu'ils avaient en jeunesse. Ils goûtent souvent le thé noir et les fruits séchés. À vous de déterminer si les vieux vins sont meilleurs que les jeunes.

Ça ne sent rien !

Si vous ne sentez rien lors de vos premières dégustations, pas de panique ! Iriez-vous courir un marathon de 40 kilomètres après avoir enfilé pour la première fois vos souliers de course ? Bien sûr que non. Les scientifiques ont découvert plus d'un millier d'arômes dans le vin. Il est impossible pour le simple amateur comme pour le féru connaisseur de tous les

ARÔMES OU ODEURS ?
Certains ouvrages soutiennent que les odeurs sont perçues au nez, tandis que les arômes du vin sont notés en bouche. Ce n'est pas tout à fait juste.

Selon la définition du *Petit Larousse*, un arôme désigne « l'émanation qui s'exalte de certaines substances ; odeur, parfum, goût ».

Vous pouvez donc utiliser le mot arôme pour les odeurs de votre vin, comme pour son goût !

identifier. Et il faut bien plus qu'un bon nez pour décrire les arômes d'un vin, il faut le bon vocabulaire.

Chaque personne détient son propre registre d'odeurs appelé la mémoire olfactive. Chacun emmagasine depuis sa tendre enfance des odeurs dans cette grande bibliothèque cérébrale. Cette banque d'odeurs est distincte pour chaque individu. Il est donc normal que deux personnes qui dégustent le même vin ne reconnaissent pas toujours les mêmes odeurs.

Vous avez toujours vécu en ville? Les odeurs de poussière, de goudron, des cailloux mouillés après la pluie vous disent certainement quelque chose. Peut-être qu'enfant, vous alliez à la campagne pendant vos vacances pour cueillir des fruits? Que ramassiez-vous? Des fraises, des framboises, des bleuets? Et les fleurs? Faisiez-vous des bouquets de lilas, de marguerites, de muguet pour votre maman? Chaque souvenir, chaque activité, possède ses propres odeurs. Il suffit d'y prêter attention et de les mémoriser.

Il n'est jamais trop tard pour commencer. En cuisine, entraînez votre nez. Mettez-le partout: dans le café du matin, dans le pot de cannelle en préparant les crêpes, dans celui de la confiture aux abricots ou encore dans la crème. Faites-en un jeu en famille. Bandez les yeux de vos petits, puis amusez-vous à mettre vos mains dans les feuilles de basilic, de romarin ou sur vos plants de tomates avant de les passer sous leur nez. Ils devront deviner « à l'aveugle » les fines herbes que vous avez touchées. Vous forgerez ainsi petit à petit leur mémoire olfactive.

LE VILAIN RHUME
Ne vous étonnez pas de ne rien sentir ni reconnaître si vos sinus sont bloqués. Il faut un nez parfaitement libéré pour bien déguster.

EMPYREUMATIQUE
Le terme empyreumatique englobe toutes les odeurs apportées lors de l'élevage en fût de chêne comme le grillé, la fumée ou la cendre.

Karyne et son fils Arthur en visite dans un vignoble en Bourgogne.

Sentez ce vin que je ne saurais boire

C'est prouvé, l'odorat des femmes est plus sensible durant la grossesse. De nombreuses futures mamans possèdent durant neuf mois un nez avec des « super pouvoirs » capable de détecter un jus d'orange sur la terrasse des voisins, ou encore un vin bouchonné servi à la table d'à côté. Si la consommation d'alcool est déconseillée pour les femmes enceintes, rien ne leur interdit de sentir le vin et d'entraîner, par la même occasion, leur nez ainsi que leur mémoire. Ces nouvelles connaissances leur permettront de devenir de meilleures dégustatrices une fois la grossesse terminée.

?

VOUS AVEZ DIT MINÉRAL ?
La minéralité est le nouveau mot à la mode dans le monde du vin. Pourtant, experts et amateurs ne s'entendent ni sur la définition d'un vin « minéral » ni sur son existence.

Certains incluent dans la famille des arômes minéraux les odeurs de « silex, de pierre à fusil, de caillou mouillé » associées au terme « minéral ». En dégustation, ils qualifient de minéral un blanc peu fruité, dont l'acidité est vive. D'autres encore décrivent la minéralité des vins rouges par des arômes d'encre noire et de graphite. Si vous trouvez ces odeurs dans votre verre, notez-les !

Pour faciliter le travail de votre mémoire, vous pouvez accoler des mots à des odeurs. Il existe plusieurs lexiques qui classent les odeurs selon différentes familles. Voici le mien selon la couleur du vin. Je vous conseille de le bonifier au gré de vos découvertes.

FAMILLES D'ARÔMES SELON LA COULEUR DU VIN

Rouge

FLORAL	ANIMAL	BOISÉ (EMPYREUMATIQUE)	VÉGÉTAL / HERBACÉ
Lavande	Cuir	Amandes grillées	Basilic
Lilas	Musque	Anis	Bourgeons de cassis
Rose	Viande crue	Bacon	Cèdre
Violette		Café	Champignon
	ÉPICE	Caramel	Eucalyptus
FRUITÉ	Cannelle	Chocolat noir	Feuille de laurier
Bleuet	Cardamome	Fumée	Feuilles mortes
Canneberge	Clou de girofle	Moka	Foin
Cassis	Muscade	Noisette	Fougère
Cerise	Poivre	Pain grillé	Garrigue
Datte		Réglisse	Humus
Figue		Tabac roux	Menthe
Fraise		Vanille	Poivron vert
Framboise			Tabac blond
Fruits séchés			Terre (mouillée)
Groseille			Truffe
Mûre			Thym
Prune/Pruneau			

Défauts

Vinaigre, œufs pourris, moisi, cave humide, lait, poussière, caca de cheval, sueur, fumier : si vous sentez ces odeurs dans votre verre, votre vin n'est pas normal. Référez-vous à la section Les défauts du vin, page 165 pour savoir si le vin est récupérable ou si vous devez le jeter dans l'évier.

Blanc

FLORAL
Acacia
Aubépine
Camomille
Coing
Fleurs blanches
Fleur d'oranger
Jasmin
Lavande
Lilas
Miel
Rose
Tilleul

FRUITÉ
Abricot
Ananas
Banane
Bergamote
Citron
Fruit de la
   passion
Lime
Litchi
Mangue
Melon
Muscat
Orange
Pamplemousse
   (blanc et rose)
Papaye
Pêche
Poire
Pomme

ÉPICÉ
Cannelle
Cardamome
Clou de girofle
Muscade
Poivre

BOISÉ
(EMPYREUMATIQUE)
Anis
Caramel
Cassonade
Cendre
Fumée
Noisette
Noix de coco
Réglisse
Vanille

ALIMENTAIRE
Beurre
Brioche
Crème
Levure
Pâte d'amande

VÉGÉTAL / HERBACÉ
Algues
Asperge
Basilic
Champignon
Coriandre
Feuille de laurier
Fougère
Gazon mouillé
Maïs en crème
Menthe
Pissenlit
Thym
Urine de chat

Rosé

FLORAL
Fleurs
   blanches
Lilas
Rose
Violette

FRUITÉ
Abricot
Bleuet
Cassis
Cerise
Fraise
Framboise
Litchi
Melon
Pêche
Poire
Pomme

ÉPICÉ
Cannelle
Cardamome
Clou de girofle
Muscade
Poivre

ALIMENTAIRE
Beurre
Brioche
Crème
Levure
Pâte d'amande

BOISÉ
(EMPYREUMATIQUE)
Anis
Cendre
Fumée
Noisette
Réglisse
Vanille

Qu'est-ce que l'odeur de garrigue ?

La garrigue est un ensemble de petits arbustes qui se trouve dans le sud de la France, en Provence et dans le Languedoc. Elle pousse dans les zones chaudes et arides. En plus d'être joli, cet arbuste sent bon. Ses odeurs rappellent celles du laurier, de la lavande, du thym et du romarin. On retrouve souvent ce mélange d'odeurs dans les vins du sud de la France.

Le deuxième nez : de l'air svp !

Après avoir humé le vin une première fois, il faut faire tourner le liquide dans son verre et sentir de nouveau. Cette opération s'appelle «le deuxième nez». Soyez attentif, les odeurs perçues sont parfois beaucoup plus complexes que la première fois que vous avez senti le vin.

Les arômes sont des molécules odorantes qui ont besoin d'air pour s'exprimer. En faisant tourner le vin dans votre verre, l'oxygène libère les odeurs. N'avez-vous jamais trouvé votre vin meilleur le lendemain de l'ouverture de la bouteille ? Vous savez maintenant que c'est parce que l'oxygène avait tout simplement fait son travail.

Au fil de la dégustation, prenez note de l'évolution des odeurs dans votre verre. Est-ce qu'elles s'expriment davantage ? Sont-elles plus agréables ? Ou, au contraire, sont-elles moins abondantes ou encore désagréables ? Cette lente évolution dans votre verre (en termes d'heures et de jours) vous permettra d'évaluer le potentiel de garde de votre vin. Si le lendemain de l'ouverture de la bouteille votre vin est meilleur, puis encore meilleur le surlendemain, il y a de fortes chances qu'il puisse se bonifier cinq ou dix ans dans votre cellier. Mais attention, ce test n'est pas une science exacte.

SENS INVERSE
Si vous avez peur de répandre du vin partout en tournant le verre, déposez-le sur la table. Avec les doigts, faites glisser le pied sur la table en effectuant de petits cercles. Cette technique permet d'éviter bien des dégâts quand on est débutant ! Il est aussi plus facile de faire tourner le vin dans le sens INVERSE des aiguilles d'une montre !

CAPSULE DÉGUSTATION : LE 2ᵉ NEZ

01
TORRES
PLUS INTÉRESSANT.
PÂTE D'AMANDE,
CITRON,
PAMPLEMOUSSE
BLANC.

02
SAINT CLAIR
ON AJOUTE
DE LA MANGUE,
DE LA CORIANDRE
ET DU CITRON
CONFIT.

03
JUDIA
PEU
D'ÉVOLUTION.
ARÔME
PRIMAIRE :
MUSCAT.

04
STE-MICHELLE
DERRIÈRE LA
VANILLE, POIRES
CARAMÉLISÉES.
PEU COMPLEXE.

05
COSTE DELLE
PLAIE
UN PEU PLUS
DE FRAMBOISES
ET DE FRAISES.

06
BAGATELLE
PLUS DE FRUITS
ROUGES,
DES BLEUETS
ET DE POIVRE.

07
LORIEUX
ÉVOLUE SUR
DES NOTES
DE POIVRE ET DES
ÉPICES. PLUS
DE FRUITS.

08
THYMIOPOULOS
PLUS EXPRESSIF.
BLEUET, MÛRE,
MOKA, POIVRE,
FRAISE.

09
LEHMANN
CHOCOLAT NOIR,
FRUITS CHAUFFÉS,
CUITS, PRUNES
ROUGES.

10
BISOL
SEMBLABLE
AU 1ᵉʳ NEZ :
TARTE TATIN.

LES TANNINS

Tannins, quel gros mot ! Ce terme est utilisé pour décrire un rouge corsé, râpeux ou astringent (qui assèche) en bouche. Les tannins proviennent de la peau du raisin, de ses pépins et de la partie boisée de la grappe qui retient les raisins ensemble, la rafle. Ils donnent de la structure aux rouges et leur permettent de traverser le temps. Un vin rouge pauvre en tannins est rarement un grand vin de garde !

BOUCHONNÉ

L'odeur et le goût de bouchon est un défaut du vin (voir page 167). Même si vous aérez le vin en carafe, ces odeurs de moisi, d'humidité et de poussière ne disparaîtront pas. Si vous croyez les détecter, retournez votre bouteille à la SAQ. On y rembourse ou échange tous les vins bouchonnés.

Le vin n'est pas toujours prêt à boire à l'ouverture de la bouteille. Si son nez est absent et que sa bouche est asséchante, il se peut que le vin soit « fermé ». Durant son évolution, le vin traverse plusieurs phases durant lesquelles il ne dévoile qu'une partie de ses qualités. Quelques heures en carafe peuvent parfois tout régler.

Bien plus qu'une simple décoration sur la table, la carafe permet d'oxygéner davantage le vin et de « l'ouvrir ». Cette aération est conseillée pour les jeunes vins, en particulier les rouges. Ces derniers contiennent une substance d'origine végétale appelée les « tannins ». Ceux-ci laissent un goût amer et asséchant en bouche. Or, au contact de l'air, ils s'assouplissent.

Prenez l'habitude d'ouvrir vos bouteilles lors de la préparation du repas ou environ une heure avant le service. Vous pourrez dès lors vérifier que le vin n'est pas bouchonné. Si c'est le cas, il vaut mieux s'en rendre compte avant que les invités débarquent ou avant que la succursale de la société d'État la plus proche de chez vous soit fermée ! Si jamais le vin est dur et râpeux ou que ses arômes semblent absents, versez-le en carafe. Ces problèmes devraient être en grande partie réglés le moment du repas venu.

« Mon vin est parfait et j'ai déjà ouvert la bouteille, que faire ? Les invités n'arrivent que dans deux heures ! » Si vous trouvez le vin parfait à l'ouverture de la bouteille, replacez simplement son bouchon et mettez-la au frigo. Le contact entre le vin et l'air est alors beaucoup trop limité pour modifier le liquide de manière significative en quelques heures.

La bonne carafe

Les jeunes et les vieux vins ne doivent pas être versés dans le même type de carafe, de la même manière que l'on prend davantage soin de la vaisselle en porcelaine héritée de notre grand-mère que de celle bon marché que l'on utilise tous les jours.

Pour aérer un jeune vin, utilisez une carafe à fond plat de type capitaine dans laquelle le contact entre le liquide et l'air est grand. Pas besoin d'une carafe de cristal qui vaut une fortune. Choisissez-la légère et facile à manipuler.

Les vieux vins doivent être traités avec grand soin. Il existe des carafes étroites ayant généralement la forme d'un canard. Elles servent à séparer le liquide du dépôt qui s'accumule dans les vieilles bouteilles. Cette délicate opération s'appelle la « décantation » (voir page 176).

Carafe canard

Carafe fond plat (type capitaine)

GOÛTER

C'est le moment le plus amusant et tant attendu : on goûte le vin. Enfin ! Pour déguster, pas besoin de faire un dessin : il suffit de prendre une gorgée et d'être attentif à ce qui se passe dans la bouche. Simple, direz-vous ? Pas tout à fait ! Le vin ne reste que quelques secondes dans la bouche avant d'être avalé, et il faut durant cette courte période analyser une foule d'éléments. Cet exercice demande un grand effort de concentration, surtout s'il y a plusieurs vins sur la table.

Un vin, des bouteilles : des différences

Il se peut que si vous ouvrez deux bouteilles d'un même vin, leur goût ne soit pas identique. Pourquoi ? Parce que le bouchon de liège permet un échange d'air irrégulier avec le vin. Les conditions de conservation du vin influencent aussi son goût. Il évolue différemment d'une bouteille à l'autre. Tenez compte de ce facteur lors de votre analyse et de la lecture de mes notes de dégustation.

Grosse gorgée ou petite gorgée ?

Qu'est-ce qui est préférable ? En fait, il n'existe pas de quantité idéale de vin à se mettre en bouche pour bien déguster. L'important est d'avoir

FAUT-IL CRACHER ?
Prendre note de toutes les subtilités des saveurs et des arômes du vin en une seule gorgée n'est pas un exercice facile. Surtout s'il y a plusieurs vins présentés au cours d'une même dégustation. S'il le faut, goûtez deux fois ou trois fois le même vin et recrachez.

Recracher favorise la « rétro-olfaction ».

Après avoir craché le liquide, on inspire automatiquement par la bouche. Cette action pousse les arômes vers le bulbe olfactif.

Recracher permet de plus de garder ses sens et ses facultés à l'affût, car disons-le, après avoir goûté plusieurs vins dans une même soirée, et ce, plus d'une fois, l'alcool peut jouer de mauvais tours aux

dégustateurs et changer leurs perceptions...

Nul besoin d'acheter du matériel supplémentaire pour cracher. Un verre ou un contenant opaque que vous avez déjà peut vous servir de crachoir. Pourquoi opaque ? Parce que l'on ne veut pas que votre mélange de salive et de vin soit visible sur la table. À moins que vous ne vouliez faire fuir vos invités...

CAPSULE DÉGUSTATION : L'ATTAQUE

01	02	03	04	05
TORRES	**SAINT CLAIR**	**JUDIA**	**STE-MICHELLE**	**COSTE DELLE PLAIE**
VIVE	MORDANTE	TENDRE	SOUPLE	MORDANTE

06	07	08	09	10
BAGATELLE	**LORIEUX**	**THYMIOPOULOS**	**LEHMANN**	**BISOL**
SOUPLE	TENDRE	SOUPLE	VIVE	SOUPLE

suffisamment de liquide pour tapisser l'intérieur de la bouche… mais pas trop, note Ophélie Neiman dans son livre *Le vin pour ceux qui n'y connaissent rien.* Vous trouverez la quantité qui vous convient le mieux en très peu de temps.

À vos marques, prêt, dégustez !

L'attaque !

Dès que le vin entre en bouche, son acidité stimule les papilles situées en avant et sur les côtés de la langue. Cette première impression s'appelle « l'attaque ». Si le vin est très acidulé, comme la chair d'un citron, son attaque est qualifiée de vive, de franche, de mordante, de rafraîchissante ou encore, d'agressive.

Si le vin donne plutôt l'impression de croquer dans une pêche ou une poire mûre à souhait, son attaque est qualifiée de souple ou de tendre. Enfin, si son attaque rappelle la sensation de mordre dans une banane très mûre, on dira simplement qu'elle est molle.

Il n'y a pas d'attaque parfaite. Elle est agréable selon le type de vin que l'on boit. Si on recherche un vin pour se rafraîchir ou pour se détendre à l'heure de l'apéritif, l'attaque du vin doit être vive et désaltérante. À table, selon le plat servi, l'attaque du vin doit être davantage souple et équilibrée. En revanche, il est rare qu'une attaque molle annonce un grand vin !

Les saveurs du vin

Une fois la gorgée de vin dans la bouche, on goûte les quatre saveurs de base : l'acidité, le sucré, le salé et l'amertume en plus des tannins dans le cas des vins rouges. Les saveurs sont perçues par les milliers de papilles situées sur la langue. Ensemble, les saveurs forment la colonne vertébrale du vin. Et les arômes, dites-vous ? Ils viennent plus tard, comme les couleurs d'un dessin.

L'acidité

L'acidité est sans doute la saveur la plus facile à reconnaître, car elle est présente dans une multitude d'aliments que l'on consomme tous les jours, et ce, depuis notre tendre enfance. Pensez à la purée de pommes ou au jus d'orange matinal… L'acidité stimule la langue dès la première bouchée ou gorgée.

Le vin contient une centaine de différents acides : citrique, tartrique, malique, lactique… Ils proviennent du fruit et des fermentations. Si ces différents acides sont détaillés et analysés en laboratoire, en dégustation, on parle plutôt de la saveur « acide totale » sans préciser le nom de l'acide.

Dans le verre, l'acidité apporte du tonus au vin. Dans les blancs, elle ajoute de la fraîcheur et du croquant. Dans les rouges, elle est souvent moins mordante, mais tout aussi primordiale. Combinée aux tannins, l'acidité permet au vin de traverser les âges. Pourquoi ? Parce que sans acidité, le vin est mou et fade.

Le sucré

Le sucré est aussi très évident en bouche. Nul besoin de fermer les yeux pour s'imaginer la saveur d'une tarte au sucre, d'un gâteau au chocolat ou celle des jujubes. Le sucre est omniprésent dans notre vie. Le vin ne fait pas exception à cette règle. Il est une boisson sucrée.

Le vin est produit à la suite de la transformation du sucre contenu dans le raisin en alcool. Cette transformation se produit lors de la fermentation. Si la totalité du sucre est changée en alcool, le vin est sec. Si au contraire, il en reste, le vin est demi-sec, demi-doux ou doux selon la quantité résiduelle. Pourquoi certains vins dits « secs » semblent-ils sucrés en bouche ? Les plus récentes recherches réalisées par Axel Marchal, chercheur à Bordeaux, dévoilent que ce sont les levures et l'élevage en fût de chêne qui augmentent l'impression sucrée du vin. Chaque variété de raisin apporte aussi un goût sucré qui lui est propre, ce qui suggère que le raisin possède ses propres édulcorants qui sont encore inconnus.

Le secret d'un vin sucré réussi est l'équilibre avec l'acidité. Si ces deux saveurs sont bien dosées, le vin est agréable et « ne tombe pas sur le cœur » comme du sirop.

LA CINQUIÈME SAVEUR : L'UMAMI

On a très longtemps cru que les aliments avaient seulement quatre saveurs. On sait maintenant que c'est faux ! Le Japonais Kikunae Ikeda en a découvert une cinquième en 1908. Il l'a nommée umami, qui signifie « goût délicieux » en japonais. Il a toutefois fallu attendre près d'un siècle pour que les scientifiques associent l'umami à l'acide aminé glutamate présent dans de nombreux aliments. Où retrouve-t-on l'umami ? Dans les protéines que l'on retrouve dans la viande et les fromages, dans la sauce soya, dans les tomates mûres, les algues et dans certains champignons. Elle se retrouverait même dans le lait maternel ! Selon le chercheur et sommelier François Chartier, cette saveur serait présente dans les vins élevés sur lie. Difficile à décrire, cette saveur rehausse l'ensemble des arômes et apporte de la texture aux aliments. Cette saveur est encore peu connue et difficile à décrire. Mon conseil : ne vous aventurez pas à l'ajouter à vos notes de dégustation !

Sec	Maximum 4 grammes de sucre / litre
Demi-sec	Entre 4 et 12 g/l
Demi-doux	Entre 12 et 45 g/l
Doux	Entre 45 et 100 g/l
Extra-doux	Plus de 100 g/l

Source : Le goût du vin, Émile Peynaud et Jacques Blouin, Éditions Dunod 2006

Le salé

Aussi incroyable que cela puisse paraître, le salé se retrouve dans certains muscadets de la Loire, en France, ou dans les vins grecs. Est-ce que cette impression est influencée par le fait que les vignes poussent non loin de la mer ? Peut-être.

Le vin contient cependant du sel et du calcium qui contribuent à la saveur salée, bien qu'elle soit rarement perceptible dans le verre. Elle permet plutôt d'équilibrer les autres saveurs.

L'amertume

L'amertume du vin est moins évidente à repérer. Peut-être parce qu'on ne mange pas assez d'endives et de choux de Bruxelles ! Les amateurs de café noir et de bière de micro-brasseries sont, en général, bien placés pour la détecter car leurs boissons favorites sont très amères.

L'amertume provient de la partie boisée de la grappe appelée la rafle, des tannins, des pépins et de la peau. Elle participe à l'équilibre gustatif du vin. L'alcool et l'éthanol apportent aussi de l'amertume au vin et la perception de chaleur ou de brûlant en bouche. Plus le vin contient d'alcool, plus on ressent l'amertume et son côté chaud.

Cette saveur apporte de la profondeur et de la complexité au vin. En revanche, si le vin est trop amer, son goût est désagréable.

Les tannins

Et les tannins dans tout ça ? Comme on l'a déjà dit, les tannins sont une matière d'origine végétale. Ils proviennent de la rafle et de la peau des raisins. Ils se retrouvent majoritairement dans les vins rouges, car contrairement aux blancs, la peau des raisins, leurs pépins et parfois la rafle, restent en contact avec le jus lors de la vinification. L'élevage en fût de chêne ajoute aussi des tannins au vin.

Comment les reconnaître ? Les tannins réagissent avec les protéines de la salive et lui font perdre son pouvoir lubrifiant. Du coup, certains deviennent aussi rugueux que du papier sablé sur la langue, sur les dents et à l'intérieur de la bouche. Pas surprenant qu'ils fassent grimacer. Ils donnent l'impression de lécher un morceau de cuir ou de bois. Le mot « tannin » provient d'ailleurs du verbe « tanner », qui rappelle l'action de tanner une peau de cuir pour la rendre plus souple. Les tannins apportent de l'astringence, donc ce côté râpeux en bouche.

Dans le verre, un vin est qualifié de très tannique lorsqu'il a de la mâche (comme si on mâchait tout en buvant), qu'il est dur ou corsé. Ses tannins peuvent être subtils, durs, râpeux ou verts. Dans les grands vins, les tannins sont souvent doux, soyeux et fins. Le temps et l'air rendent les tannins plus souples. Ils s'intègrent au vin. C'est pourquoi le passage en carafe d'un rouge très tannique peut rendre le vin plus agréable.

À quoi servent les tannins ? Ils ont deux fonctions fondamentales. Ils sont les gardiens de la couleur du vin et ceux de sa structure. À la fin de leur vie, après le subtil et long contact avec l'oxygène, les rouges semblent décolorés et fades… leurs tannins se sont décomposés !

?

LE TANNAT
Certains raisins sont plus riches en tannins que d'autres. Le bien nommé tannat, cépage fétiche de l'appellation Madiran dans le sud de la France et en Uruguay, est certainement le meilleur exemple. Le malbec et le cabernet sauvignon sont aussi riches en tannins.

C'EST CORSÉ
L'adjectif corsé ne fait pas seulement référence aux tannins du vin. Il englobe aussi sa richesse en alcool et sa texture.

La rétro-olfaction

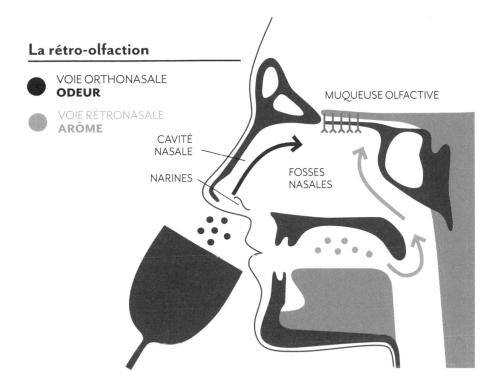

- **VOIE ORTHONASALE ODEUR**
- VOIE RÉTRONASALE **ARÔME**

MUQUEUSE OLFACTIVE

CAVITÉ NASALE

NARINES

FOSSES NASALES

La clé de voûte d'un grand vin : l'équilibre

Un rouge trop tannique sera imbuvable. Même chose pour un blanc trop acide ou trop sucré. Le secret de tous les vins réside dans l'équilibre des saveurs. Comme on l'a déjà dit, l'équilibre entre l'acidité et le sucré permet à un vin doux d'être agréable en bouche, et ce, pour longtemps.

Qu'est-ce qu'un grand vin ? La réponse réside, en partie, dans l'équilibre. La recette d'un grand vin est l'équilibre des saveurs, la richesse de ses arômes, bonifiés d'une grande longueur en bouche, de la finesse de ses tannins et de sa corpulence en bouche, voilà ! Plus facile à mettre sur papier que dans une bouteille, j'en conviens.

Les arômes dans tout ça ?

Trouver les saveurs d'un vin, c'est un peu comme tracer au crayon noir le contour d'une forme. Ajoutons maintenant de la couleur à notre dessin, cherchons les arômes !

Sentir par la bouche

Vous avez bien lu, on sent par la bouche. Ce n'est pas votre langue et vos papilles qui détectent les arômes de fraises et de framboises d'un vin, mais plutôt votre bulbe olfactif situé derrière votre nez. Ce mécanisme se nomme la « rétro-olfaction ».

?

**COMMENT UN VIN
PEUT-IL ÊTRE FRUITÉ
ET SEC ?**
Les arômes d'un rouge
comme d'un blanc
peuvent être fruités
sans pour autant que
la boisson soit riche en
sucre.

Quand on qualifie
un vin de fruité, on
parle de ses arômes
(pêche, pomme,
poire, framboise) qui
rappellent les fruits.
La mention « sec » fait
référence à sa saveur qui
n'est pas sucrée.

Sans vous en rendre compte et de manière naturelle, lorsque vous mâchez vos aliments, vous ouvrez la bouche. L'air entre et propulse les arômes de vos aliments dans la voie rétronasale et bingo, vous goûtez ! Vous découvrez alors le poivron vert dans votre pizza, le poivre dans votre sauce ou le citron dans votre gâteau blanc.

En dégustation, les arômes du vin se détectent de manière naturelle et spontanée en ouvrant la bouche après avoir avalé. Il existe cependant une technique pour maximiser ce processus, il faut « grumer ».

Faites du bruit !

Les experts ne dégustent pas en silence. Ils grument ! Grumer est l'action d'ajouter de l'air dans sa bouche pendant que l'on déguste. Vous savez pourquoi ? On l'a déjà dit : les arômes ont besoin d'air pour s'exprimer. Cette action rappelle le passage en carafe ou le geste de faire tourner le verre avant de sentir le vin. Elle permet de favoriser l'acheminement des arômes dans la voie rétronasale. Mais attention, grumer peut être bruyant…

Le meilleur moment pour se pratiquer à grumer est lors du brossage des dents. C'est simple : vous prenez de l'eau dans votre bouche et vous vous placez au-dessus du lavabo. En regardant le fond de l'évier, tentez d'ouvrir la bouche sans que l'eau ne sorte. Pour ce faire, vous devez aspirer le liquide sans l'avaler. Après quelques essais périlleux, répétez le mouvement en vous regardant dans le miroir : ouvrez la bouche et aspirez, mais toujours sans avaler le liquide.

Une fois que vous êtes pro dans la salle de bain, vous pouvez le faire à table… avec du vin ! Comment ? En grumant quelques secondes au moment où vous goûtez le vin pour la première fois. Inutile de le

CAPSULE DÉGUSTATION :
LES SAVEURS ET ARÔMES

01 — TORRES

PAMPLEMOUSSE ROSE, CITRON ET AMANDES BLANCHES AVEC EN TRAME DE FOND UNE ACIDITÉ ÉLEVÉE.

02 — SAINT CLAIR

ON CROIT CROQUER DANS UN CITRON TANT L'ACIDITÉ EST ÉLEVÉE. PAMPLEMOUSSE ET CORIANDRE. C'EST SEC ET VIF.

03 — JUDIA

ARÔMES MUSCA-TÉS, LITCHI ET ZESTE D'ORANGE SANGUINE. ACIDITÉ ET SUCRE BIEN DOSÉS.

04 — STE-MICHELLE

TOFFEE (CARAMEL), BEURRE ET NOISETTE. PAS BEAUCOUP DE FRUITS, MAIS BEAUCOUP DE BOIS.

05 — COSTE DELLE PLAIE

PETITS FRUITS ROUGES ET PRUNE.

06 — BAGATELLE

LE NEZ SUIT LA BOUCHE. ÉPICES DOUCES ET PETITS FRUITS ROUGES.

07 — LORIEUX

FRUITS ROUGES ET NOIRS, C'EST CRO-QUANT, JUTEUX. FINALE SUR LE POIVRE ET LE POIVRON VERT.

08 — THYMIOPOULOS

PLEIN DE FRUITS NOIRS ET ROUGES, DU CUIR. EN MILIEU DE BOUCHE, LES TAN-NINS SONT SURPRENANTS ET ASSÉCHANTS.

09 — LEHMANN

BEAUCOUP DE FRUITS. JOUFFLUS. BOISÉ EN RÉTRO-OLFACTION, CHOCOLAT ET BLEUET. ON SENT UNE CERTAINE SUCROSITÉ. PEU DE TANNINS.

10 — BISOL

SEMBLE LÉGÈREMENT SUCRÉ. FRUITS JAUNES, LA POIRE ET LES FLEURS.

faire à chaque gorgée, la rétro-olfaction se fait de manière assez naturelle si vous ouvrez la bouche après avoir avalé.

C'est à ce moment qu'il faut noter les arômes du vin. Pour ce faire, fiez-vous au tableau utilisé lors de l'analyse olfactive (voir page 46). Au fil de la dégustation, les arômes changent et évoluent. Prenez-en note.

- Vous notez les framboises, les fraises et les bleuets dans votre rouge, ou le citron, la poire et les pommes dans votre blanc. Il est *fruité.*
- Si ce sont plutôt les arômes de rose, de violette ou de lilas qui retiennent votre attention, le vin est *floral.*
- La cannelle, le poivre noir, le clou de girofle et la muscade sont présents. Le vin est *épicé.*
- Vous détectez des notes de cuir, de noisette, de vanille ou de réglisse dans les rouges, et celles de caramel, de pain grillé au beurre ou de noix de coco dans les blancs. Ces vins sont *boisés.*
- Vous percevez le poivron vert, les feuilles de laurier ou les feuilles mortes. Le vin est *végétal.*

Certains vins possèdent un amalgame d'arômes provenant de plusieurs familles. Cette combinaison se nomme le «bouquet». Plus les arômes sont diversifiés et complexes, plus le vin est grand et plus l'utilisation du mot «bouquet» est juste.

Que signifie l'expression « la bouche suit le nez » ?

Si la bouche suit le nez, c'est que les arômes perçus au nez se retrouvent aussi en bouche. Parfois les odeurs d'un vin sont très attrayantes et invitantes. On en prend une gorgée et surprise, son goût est décevant et moins fruité. Dans ce cas, la bouche ne suit pas le nez. À l'inverse, si son goût rappelle les odeurs perçues au nez, bingo !

Tous les goûts sont dans la nature

Si chaque personne possède son registre d'odeurs, chaque personne goûte aussi différemment. Certaines sont plus sensibles à l'acidité, d'autres aux tannins. Pour ma part, un vin trop boisé avec des notes très grillées, voire brûlées, de vanille et de réglisse intenses, me semble désagréable. J'aime appeler ces bouteilles «des vins de castor», car leur goût de bois masque souvent celui du fruit... si bien qu'il plairait sûrement aux castors. Pourtant, d'autres amateurs dégustent ce vin et le trouvent corsé et digeste sans y noter un excès de bois.

Au fil de vos dégustations, soyez attentif à vos préférences et à vos sensibilités. Il vous sera ainsi plus facile de choisir vos vins et d'identifier les spécialistes qui ont les mêmes goûts que vous et dont vous apprécierez les conseils.

CAPSULE DÉGUSTATION : LA TEXTURE

TORRES
ROND, TAPISSE BIEN
LE PALAIS.

SAINT CLAIR
AGRÉABLE, ROND,
PRESQUE GRAS.

JUDIA
AGRÉABLE,
LÉGÈRE IMPRESSION
DE SUCRÉ.

STE-MICHELLE
MOELLEUX
ET ROND.

**COSTE DELLE
PLAIE**
ROND ET UN
PEU SUCRÉ.

BAGATELLE
JUTEUX. TANNINS
FINS ET DISCRETS.

LORIEUX
TANNINS
SATINÉS, JUTEUX
ET GOURMAND.

THYMIOPOULOS
LES TANNINS SONT FINS,
MAIS ASSÉCHANTS.

LEHMANN
VELOUTÉ,
SEMBLE SUCRÉ,
FACTURE
MODERNE.

BISOL
ROND, LES
BULLES SONT
FINES ET
ABONDANTES.

Les textures

Avant d'avaler, il faut noter une dernière chose : la texture du vin en bouche. Celle-ci réfère souvent à la sensation laissée en bouche par les tannins des vins rouges. La texture de certains blancs est parfois aussi complexe.

Pour décrire la texture, les experts s'imaginent souvent dans un magasin de tissus : « les tannins sont comme de la soie », ou encore « on dirait du velours en bouche ». Vous n'êtes pas féru de textiles ? Voici ce que vous pouvez dire : un vin riche en alcool et en sucre résiduel laisse une sensation de moelleux en bouche.

D'autres, souvent très boisés et forts en alcool, semblent aussi gras que du beurre. Ce côté gras peut aussi être apporté par le glycérol (produit lors de la fermentation), par la présence de lie lors de l'élevage et dépend beaucoup de la maturité du raisin. À ce propos, le vin peut aussi être qualifié d'onctueux.

Si l'équilibre de ses saveurs, dont l'acidité, est réussi et que ses tannins sont souples, le vin est rond. Au contraire, si ses tannins sont durs et que ses arômes rappellent le cuir, le foin et des odeurs d'écurie, le vin est rustique.

La longueur en bouche

Après avoir avalé le vin, ne pensez pas que votre travail est terminé. Oh que non ! Il faut maintenant évaluer la longueur du vin en bouche. Et ce n'est pas une mince tâche. D'abord, parce que cette évaluation (comme tout le reste) est subjective. Ensuite parce qu'elle nécessite un dernier effort de concentration. Un peu de courage, on reprend le travail !

La longueur en bouche signifie la persistance des arômes et des saveurs. Si vous êtes attentif, vous

QUESTION DE GOÛT
Tous les experts en vin n'ont pas les mêmes goûts. Certains préfèrent les vins acides et délicats, d'autres les vins plus boisés. Leur métier les incite à mettre leurs préférences de côté pour juger les vins de manière objective selon l'équilibre. Malgré tout, il est parfois assez facile de percevoir les préférences des experts. Pour ne pas être déçu en goûtant à certaines recommandations, trouvez les chroniqueurs en vin qui ont les mêmes goûts que vous. Leurs suggestions vous paraîtront plus judicieuses !

CAPSULE DÉGUSTATION :
LA LONGUEUR

TORRES

MOYENNE.
PÂTE D'AMANDE
EN RÉTRO-
OLFACTION.

SAINT CLAIR

LONGUE FINALE
SALINE.

JUDIA

ASSEZ LONG
SUR DES ARÔMES
DE SALADE
DE FRUITS.

STE-MICHELLE

MOELLEUX
ET ROND.

**COSTE DELLE
PLAIE**

ASSEZ LONG.
FINALE SUR LES
PÊCHES ET LES
ABRICOTS.

BAGATELLE

MOYENNE, FINALE
SUR LES
CANNEBERGES
ET LES ÉPICES.

LORIEUX

ASSEZ LONG,
ARÔMES DE
FRUITS ROUGES.

THYMIOPOULOS

TRÈS LONG
SUR DES
NOTES ÉPICÉES.

LEHMANN

IMPRESSION
DE SUCRE,
SEMBLE LONG.

BISOL

ASSEZ COURT.
LÉGÈRE
AMERTUME
EN FINALE.

constaterez que le goût de certains vins s'estompe dès que la gorgée est avalée. Ces vins sont courts. Tandis que d'autres semblent laisser une empreinte en bouche qui prend du temps à s'effacer. Si cela vous aide, vous pouvez compter le nombre de secondes durant lesquelles les arômes et les saveurs sont encore notables en bouche. S'ils sont encore présents 10, voire 15 secondes après que le liquide ait quitté votre bouche, le vin est qualifié de long ou de très long.

La persistance des arômes et des saveurs est un signe de qualité. Les arômes d'un grand vin resteront, en théorie, longtemps en bouche. Prenez note toutefois que la longueur de certains grands crus n'est pas toujours à la hauteur de leur réputation ! Pour que le vin soit qualifié de persistant, il ne suffit pas que les saveurs du vin le soient. Par exemple, certains rouges sucrés (comme le rouge Ménage à trois, Folie à deux [code SAQ : 10709152], contiennent 13 grammes de sucre résiduel selon l'année de production) semblent longs sur les papilles. Notez que c'est plutôt l'impression sucrée qui reste longtemps en bouche et non pas ses arômes. Dans d'autres vins, c'est plutôt la sensation brûlante laissée par l'alcool qui persiste. Ce n'est pas non plus un signe de persistance.

Enfin, il existe une unité de mesure pour évaluer la longueur en bouche du vin. Elle s'appelle la « caudalie ». Selon cette technique, une caudalie équivaut à une seconde. Vous entendrez certains dire : « Ce vin a beaucoup de caudalie ! » Ne vous embêtez pas avec cet outil peu utilisé. Dites simplement que la longueur est satisfaisante, bonne ou très bonne.

Le plus important : votre verdict !

L'expert prend une vingtaine de secondes pour évaluer tous les éléments énoncés dans les pages précédentes : la robe, les odeurs, l'attaque, la texture, les saveurs, les arômes et la longueur. Puis son verdict tombe : le vin est bon, mauvais ou grandiose. Intimidant, n'est-ce pas ? Pas du tout.

Vous êtes un excellent juge. Nul besoin de préciser tous ces détails lors de votre première analyse. Quand vous mangez une crème brûlée, vous ne comptez pas le nombre de calories, la quantité d'œufs ou de vanille contenus dans chaque bouchée. Vous pensez plutôt au plaisir que vous apporte le dessert. En dégustation, c'est pareil.

Demandez-vous d'abord : est-ce que le vin me plaît ou non ? Cette réponse est la plus importante de toutes. Avec le temps et l'apprentissage, vous pourrez ajouter quelques nuances à votre verdict :
• J'aime ce vin parce qu'il est fruité, équilibré et long.
• Je n'aime pas ce vin car ses tannins sont durs et qu'il manque de fruits.

Les émotions

Après avoir obtenu la promotion de vos rêves ou lors d'un premier rendez-vous amoureux, un vin ordinaire, simple et insipide vous paraîtra sublime ! En revanche, votre meilleure bouteille vous semblera fade et sans intérêt après l'annonce d'un décès, d'une rupture ou d'une mauvaise nouvelle. Déguster le vin, c'est aussi une question d'émotions !

Ce même phénomène se produit en voyage. Avec des amis sur une terrasse de Saint-Émilion ou encore, chez un petit producteur dans la campagne québécoise, un vin sera mémorable, unique… si

DÉGUSTER À L'AVEUGLE
Les dégustateurs, experts comme néophytes, sont influençables. Des études démontrent que l'étiquette, le prix, la réputation du domaine et la provenance du vin influencent sa perception avant même de l'avoir dégusté. C'est pourquoi certaines dégustations se déroulent « à l'aveugle ». Lorsque le dégustateur ne connaît ni le nom du producteur ni le lieu d'origine ni le prix du vin, il se fait une opinion plus objective des qualités et des défauts du liquide. Est-ce que cela signifie qu'il est préférable de toujours déguster à l'aveugle ? Non. Si cet exercice est utile pour se faire une opinion d'un vin, il ne permet pas de tenir compte de certains détails (âge, millésime ou terroir) qui nuancent parfois son appréciation.

CAPSULE DÉGUSTATION :
MES IMPRESSIONS

TORRES

JOLI VIN, SIMPLE,
RAFRAÎCHIS-
SANT.
VIN D'APÉRITIF.

SAINT CLAIR

TYPIQUE ET TRÈS
AROMATIQUE.
BIEN FAIT.
RAFRAÎCHISSANT.
VIN DE SOLEIL.

JUDIA

BEL ÉQUILIBRE
SUCRE/ ACIDITÉ.
VIN DE FILLES,
DE PISCINE ET
DE TERRASSE.

STE-MICHELLE

BIEN FAIT, LE
BOISÉ EST DOSÉ.
UN VIN DE REPAS
CRÉMEUX.

COSTE DELLE PLAIE

TRÈS BEAU
ROSÉ.
VIN DE TABLE.

BAGATELLE

CROQUANT.
AMUSANT.
VIN DE PLAISIR.

LORIEUX

MAGNIFIQUE.
COMPLEXE.
VIN DE
TERROIR.

THYMIOPOULOS

ROBE PÂLE
ET BOUCHE
TRÈS TANNIQUE :
VIN SURPRISE ! ON
EN REDEMANDE.

LEHMAN

TECHNIQUE.
UN PEU LOURD,
MAIS BIEN FAIT.
VIN DE MÂLE.

BISOL

BELLES BULLES.
DÉLICIEUX.
VIN
DE FÊTE.

Karyne en dégustation à Bordeaux.

bien que vous en achetez une bouteille pour la rapporter à la maison. Surprise ! Sur votre terrasse, il y a de fortes chances que ce vin soit décevant.

Ne croyez pas que vous êtes un mauvais dégustateur pour autant. Votre plaisir et vos émotions ont peut-être altéré votre perception en voyage. Et alors ? Les professionnels doivent faire abstraction de leurs émotions lors de la dégustation pour ne pas altérer leur jugement. C'est leur métier. Ce qui est le plus important pour vous, c'est d'apprécier le vin. Si la bouteille vous semble fantastique chez le vigneron, profitez-en !

Si par contre vous vous apprêtez à dépenser une somme considérable pour acheter plusieurs caisses d'un vin dans un domaine ou dans un salon de vin, tentez de mettre vos émotions de côté et d'analyser toutes les caractéristiques du vin. Ce travail, moins rigolo, vous permettra de ne pas regretter votre achat.

Méfiez-vous des experts qui avancent pouvoir identifier tous les vins à l'aveugle. C'est impossible. L'éventail des vins produits est si large, le nombre de producteurs si immense et les années de vendange si nombreuses, qu'il faut plus de chance que de connaissances pour deviner avec exactitude le nom d'un vin à l'aveugle.

Si vous avez aimé...

01

Goûtez les muscadets de la Loire, les assyrtikos de la Grèce, les fendants de la Suisse, les seyvals blancs du Québec, les picpouls de Pinet du Languedoc, les chardon-nays de Chablis en Bourgogne (cuve inox) et les rieslings alsaciens (secs).

02

Les sauvignons blancs du Nouveau Monde devraient vous plaire. Goûtez aussi les verdejos d'Espagne, puis les blancs de Bordeaux, les sauvignons blancs de la Loire et le summum, ceux de l'appellation Sancerre.

03

Les muscats, en particulier ceux d'Alsace, les torrontès d'Argentine, les assemblages de petit manseng et de gros manseng du Sud-Ouest de la France, les gewurztrami-ners et même les blancs américains à base du cépage symphony pour-raient vous plaire.

04

Essayez les chardonnays américains et canadiens ainsi que ceux de l'appellation Meursault en Bourgogne. Comparez-les avec les autres chardonnays de la Bourgogne (Côte de Beaune ou Côte Chalonnaise). Impossible de ne pas remarquer l'impact du bois sur ce cépage.

05

Goûtez les rosés du sud de la France, comme ceux du Languedoc. Les rosés secs dont la robe est plutôt pâle, entre autres ceux de Provence, se dégustent à merveille à table.

Si vous avez aimé…

Son côté léger, fruité et épicé fait penser à certains beaujolais ou même à des zweigelt d'Autriche. D'autres vins du sud-ouest et des Côtes-du-Rhône à base de grenache et de syrah possèdent ce côté juteux.

Les rouges de la Loire, en particulier ceux des appellations Chinon, Bourgueil et Saumur-Champigny sont pour vous. Certains cabernets francs de Bolgheri, en Italie, possèdent ces notes terreuses, mais sont plus costauds en bouche, tout comme plusieurs bordeaux et vins à base de mourvèdre.

Les rouges du Piémont à base de nebbiolo, comme ceux du Langhe et les barolos sont réputés pour leurs tannins massifs et leurs arômes délicats. Le passage en carafe est de mise !

C'est le style Nouveau Monde : des rouges forts en alcool, des arômes de fruits cuits et beaucoup de bois. Goûtez les malbecs argentins et les cabernets sauvignons chiliens. Dans un style moins joufflu, les Reserva ou Gran reserva d'Espagne possèdent souvent ces arômes de fruits mûrs et de boisés.

Les cavas espagnols possèdent ces fines bulles et ce côté festif. Les crémants de Bourgogne et les mousseux américains à base de chardonnay sont à essayer.

LA ROUTINE DU DÉGUSTATEUR

La dégustation, c'est un peu comme préparer un pâté chinois, il faut toujours répéter les mêmes étapes : regarder, sentir, goûter, apprécier. Voici un aide-mémoire pour apprendre cette routine sur le bout des doigts.

Regarder

Sur une surface blanche et dans un endroit bien éclairé, incliner le verre pour évaluer la couleur du vin, ses nuances et son opacité.

Sentir

1er nez : prendre le verre et inspirer une première fois. Noter les odeurs, leur intensité. Est-ce que ça sent quelque chose ?

2e nez : tourner le vin dans le verre et sentir une deuxième fois. Noter les odeurs et leur intensité. Est-ce que les arômes sont différents qu'au premier nez. Sont-ils plus puissants, plus discrets ?

Goûter

Mettre le vin en bouche, puis noter l'effet de son entrée en bouche (son attaque), ses saveurs, ses arômes, sa texture (ses tannins pour les rouges) et sa longueur. Si nécessaire, regoûter et/ou cracher.

Finalement : trancher *J'aime ou pas ? Pourquoi ?*

LES NOTES DE DÉGUSTATION

Il y a plusieurs façons de consigner vos notes de dégustation. Vous pouvez créer votre propre fiche ou utiliser celle incluse dans les carnets destinés à cet usage. Pour commencer, vous pouvez remplir une feuille blanche en notant les renseignements suivants.

Renseignements généraux

Vous devez d'abord écrire les renseignements généraux inscrits sur l'étiquette et celles que vous connaissez, soit la région et le pays de provenance, le producteur, le nom de la cuvée, du lieu-dit, l'année de la récolte, le ou les cépages et le prix. Vous pouvez ajouter où et avec qui vous l'avez dégusté, si c'était la première fois que vous y goûtiez, des détails sur l'élevage ou sur la vinification.

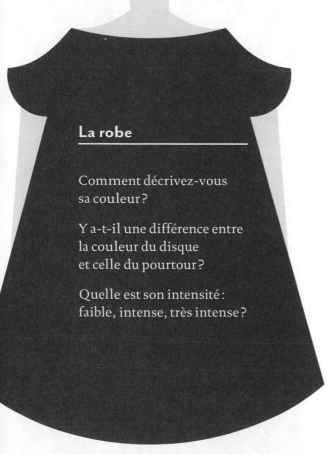

La robe

Comment décrivez-vous sa couleur?

Y a-t-il une différence entre la couleur du disque et celle du pourtour?

Quelle est son intensité : faible, intense, très intense?

Le nez

Quelles sont les familles d'arômes présentes au nez?

Nommez les odeurs. Florales, fruitées, animales, épicées, boisées, végétales, alimentaires?

Quelle est l'intensité des odeurs?

Sont-elles plus intenses après avoir fait tourner le vin dans le verre?

La bouche

Décrivez l'attaque. Quelles ont été les premières impressions en bouche? L'attaque est-elle mordante, rafraîchissante, agressive, souple ou molle? Quelles sont les saveurs les plus marquantes (l'acide, le sucré, le salé, l'amer)?

Si le vin goûté est un rouge, comment sont les tannins en bouche?
Avez-vous l'impression de lécher un morceau de cuir ou de bois?
Sont-ils plus ou moins asséchants?
Sont-ils absents?
Après avoir avalé votre vin, quels sont les arômes perçus? Floraux, fruités, épicés, boisés, végétaux?
Quelle en est la texture? Rugueuse, soyeuse, onctueuse?
Les arômes sont-ils persistants?
Le vin est-il court ou long?

Impression globale

Est-ce que le vin en bouche est léger, corsé, boisé ou vif? Vous aimez ou vous n'aimez pas et pourquoi?
À recommander, à acheter de nouveau ou à mettre en cave?

SECTION 3

Au vignoble

~

Vous savez maintenant déguster et reconnaître les vins que vous aimez. Vous avez certainement une foule de questions en tête, comme : d'où vient le goût boisé dans le vin ? Pourquoi le champagne coûte-t-il plus cher que les autres vins effervescents ? Comment reconnaît-on un vin bouchonné ? Pourquoi ne produisons-nous pas davantage de pinot noir au Québec ?

Je vous invite au vignoble pour répondre à toutes ces questions et à bien d'autres encore. Servez-vous un autre verre, la visite commence.

Photo : Patrick Woodbury

LE VIN

Le vin, c'est quoi ?

La définition du vin est simple : c'est du jus de raisin frais fermenté. C'est tout.

Nul besoin d'installations techniques et modernes pour démarrer la fermentation nécessaire pour que le jus de raisin se transforme en vin. Les levures présentes sur la peau des fruits font le travail. Ce procédé naturel a été découvert par hasard 6 000 ans avant notre ère.

Depuis, l'homme a compris que son intervention est essentielle dans la production du vin, dans son transport et dans sa conservation. Car une fois le jus fermenté, il peut tourner au vinaigre. Pour le stabiliser, le vigneron ajoute des sulfites, de la même façon que les coiffeurs utilisent du fixatif pour tenir les cheveux en place. Ce procédé est moins « naturel », mais utilisé avec parcimonie, il permet de stabiliser le vin. Il ne repart donc pas en fermentation et il ne tourne pas au vinaigre une fois mis en bouteille. Cet avantage n'est pas négligeable !

Le bon raisin planté au bon endroit, une météo clémente, quelques outils techniques et un vigneron attentionné sont les bases du vin tel qu'on le connaît aujourd'hui.

Peut-on faire du vin avec un autre fruit que le raisin ?

La réponse est non. Depuis l'adoption de la loi Griffe en France en 1889, le vin est défini, dans ce pays et dans la majorité des pays producteurs de vin, comme une boisson alcoolique produite exclusivement avec du raisin. Pour eux, les « vins de petits fruits » n'existent pas.

C'est autre chose au Canada. C'est pourquoi ici le terme « vin » peut être utilisé pour les boissons produites à base de petits fruits.

Photo : Patrick Woodbury

LE RAISIN

Qu'est-ce qu'un cépage ?

Un cépage est une variété de vigne cultivée. Il existe dans le monde plus de 6 000 différents cépages appartenant à l'espèce la plus connue, la *Vitis vinifera*. Ces variétés sont aussi appelées « les cépages nobles » ou « variétés européennes ».

Peut-on faire du vin avec toutes les sortes de raisin ?

Oui, mais tous les raisins ne donnent pas de bons vins. Les « raisins de cuve » sont utilisés pour l'élaboration du vin. Les « raisins de table » sont réservés à la cuisine. La plupart de ceux utilisés pour le vin ne sont pas savoureux au goût. Surprenant, non ?

LE DEGRÉ D'ALCOOL
Selon les réglementations de l'Organisation internationale de la vigne et du vin, un vin doit contenir un minimum de 8,5 % d'alcool. Il y a cependant quelques exceptions. Selon le climat, le cépage et les traditions, certains vins contiennent 7 % d'alcool.

LES PRINCIPAUX PAYS PRODUCTEURS DE VIN ET LEURS PRINCIPAUX CÉPAGES

CANADA
1-Okanagan : cabernet sauvignon, merlot, shiraz
2-Niagara : pinot noir, chardonnay, riesling
3-Québec : vidal, seyval, frontenac, maréchal foch

ÉTATS-UNIS
4-Washington : chardonnay, merlot, riesling, syrah
5-Oregon : pinots (gris et noir), chardonnay
6-Californie : cabernet sauvignon, chardonnay, pinot noir, zinfandel

AMÉRIQUE DU SUD
7-Chili : carmenère, cabernet sauvignon
8-Argentine : malbec, torrontès
9-Uruguay : tannat
10-Brésil : merlot, cabernets, tannat

AFRIQUE
11-Afrique du sud :
chenin blanc, sauvignon blanc, pinotage

ASIE
12-Inde : cabernet sauvignon, shiraz, chardonnay

13-Japon : koshu
14-Chine : long yan, shan putao (hybrides)

OCÉANIE
15-Australie : shiraz, sauvignon blanc, cabernet sauvignon
16-Nouvelle-Zélande : sauvignon blanc, pinots (noir et gris)

FRANCE
17-Alsace : riesling, pinots (noir, gris, blanc), gewurztraminer, muscat
18-Bourgogne : chardonnay, pinot noir, aligoté
19-Champagne : chardonnay, pinots (noir et meunier)
20-Beaujolais : gamay
21-Côte du Rhône : Au nord – syrah, viognier / Au sud – grenache, syrah, mourvèdre

22-Languedoc-Roussillon : grenaches (blanc et noir), muscat syrah, cinsault, carignan
23-Cahors : côt (malbec)
24-Bordeaux : cabernets (sauvignon et franc), merlot, sauvignon blanc, sémillon
25-Loire : melon de Bourgogne (muscadet), sauvignon blanc, cabernet franc, chenin blanc, pinot noir

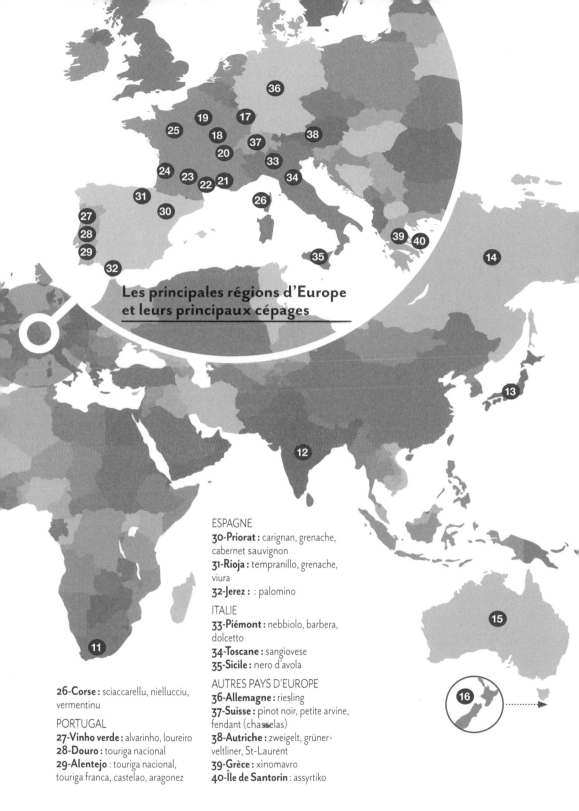

Les principales régions d'Europe et leurs principaux cépages

ESPAGNE
30-Priorat : carignan, grenache, cabernet sauvignon
31-Rioja : tempranillo, grenache, viura
32-Jerez : : palomino

ITALIE
33-Piémont : nebbiolo, barbera, dolcetto
34-Toscane : sangiovese
35-Sicile : nero d'avola

AUTRES PAYS D'EUROPE
36-Allemagne : riesling
37-Suisse : pinot noir, petite arvine, fendant (chasselas)
38-Autriche : zweigelt, grüner-veltliner, St-Laurent
39-Grèce : xinomavro
40-Île de Santorin : assyrtiko

26-Corse : sciaccarellu, niellucciu, vermentinu

PORTUGAL
27-Vinho verde : alvarinho, loureiro
28-Douro : touriga nacional
29-Alentejo : touriga nacional, touriga franca, castelao, aragonez

LA CARMENÈRE

Bien que le cépage carmenère est aujourd'hui très populaire au Chili, l'Amérique du Sud n'est pas pour autant son lieu d'origine. Il y a 200 ans, ce cépage faisait partie des assemblages traditionnels du Bordelais comme le cabernet franc et le petit verdot. Que s'est-il passé ? Il a été détruit lors de la crise du phylloxéra (voir page 88) en Europe à la fin du 19ᵉ siècle et n'a pas été replanté. Si bien qu'on le croyait disparu à jamais... Jusqu'à ce que des analyses réalisées dans les années 90 révèlent que certaines vignes du Chili, que l'on croyait être du merlot, étaient plutôt de la carmenère !

Depuis quelques années, les vignerons de Bordeaux replantent et réintègrent la carmenère dans leurs vignobles. Un exemple ? Le Château Brane-Cantenac, à Margaux, a planté un demi-hectare de carmenère en 2007. Il en a ajouté pour la première fois dans sa cuvée 2011.

Qu'est-ce qu'un cépage international ?

Les cépages dits internationaux sont surtout des cépages français. Ils sont si populaires qu'ils se retrouvent dans presque toutes les régions viticoles, aussi bien dans le Vieux Monde (Europe) que dans le Nouveau Monde (Australie, Amériques, Afrique du Sud). Ce sont les raisins les plus connus. Ils s'adaptent facilement aux différents climats et types de sol. Des exemples ? Chardonnay, sauvignon blanc, cabernet sauvignon, merlot, syrah...

Tous les raisins ne sont pas des voyageurs dans l'âme ! Certains sont cultivés dans des régions bien spécifiques, car les endroits où ils produisent d'excellents résultats sont peu nombreux. C'est le cas du nero d'avola en Sicile et de la carmenère au Chili.

D'autres raisins n'ont pratiquement jamais voyagé. C'est le cas des variétés « autochtones » qui se retrouvent presque exclusivement dans leur région d'origine. Des exemples ? De nombreux cépages du sud de l'Italie, de Grèce et des vignobles de l'Europe de l'Est sont encore méconnus. Les vins qu'ils engendrent offrent cependant un voyage aromatique unique.

Est-ce que les cépages ont le même goût d'une région à l'autre ?

Chaque cépage possède un éventail d'arômes qui le caractérise. Par exemple, qu'il soit planté en Nouvelle-Zélande, au Chili ou en France, le sauvignon blanc dégage des odeurs herbacées (gazon fraîchement coupé, pissenlit et parfois urine de chat, buis) qui lui sont propres. Cependant l'intensité et la variété de ses arômes varient selon la région viticole, le type de sol, le climat et les méthodes de vinification.

25 principaux cépages, 25 valeurs sûres :

Barbera
ROUGE

Réputé pour ses tannins souples, ses vins fruités et acidulés, le barbera est un cépage phare de l'Italie, en particulier du Piémont.

Fontanafredda Raimonda Barbera-d'Alba, Code SAQ : 11905606

Carignan
ROUGE

Le carignan est très populaire dans le sud de la France et en Espagne où il prend le nom de carinena et de mazuelo. Il apporte du fruit et de la structure aux vins rouges. Il est rarement vinifié seul. Son complice : le grenache.

Les Jamelles Rare & Antique Carignan 2010, Code SAQ : 11794512

Cabernet franc
ROUGE

Moins tannique que son cousin, le cabernet sauvignon, il est fruité et possède parfois des notes de poivron, de terre et de betterave. On le goûte rarement seul, puisqu'il est souvent assemblé au cabernet sauvignon et au merlot. Cependant, les vignerons français de la Loire, dans le Languedoc et à Bolgheri en Italie proposent des cuvées 100 % cabernet franc qui sont délicieuses.

La Macchiole Paleo, Code SAQ : 11369081

Chardonnay
BLANC

Le chardonnay est la vedette mondiale des vins blancs, car il est polyvalent. Les fruits à chair blanche comme les poires, le coing et les pêches forment sa trame classique. Il est droit et nerveux dans certains bourgognes et dans les champagnes, tandis que

Cabernet sauvignon
ROUGE

Planté dans tous les climats chauds du monde, il est réputé pour ses vins colorés, tanniques et pour ses vins de garde. On le reconnaît par ses notes de cassis et de poivron vert. Il fait partie de l'assemblage classique des vins de Bordeaux avec le merlot, le cabernet franc et le petit verdot.

Château St Jean Cabernet sauvignon, Code SAQ : 10967397

dans le Nouveau Monde, son élevage en barrique lui ajoute des notes de noix de coco, d'amandes, de beurre et de fruits cuits.

La Chablisienne Cuvée La Sereine, Code SAQ : 00565598

Chasselas
BLANC

Le chasselas est bien connu dans la Savoie en France. Il est aussi un cépage phare de la Suisse où il porte le nom de fendant. Son acidité élevée et ses notes florales en font un compagnon de choix pour la spécialité gastronomique locale : la fondue au fromage.

Domaines Rouvinez Fendant de Sierre, Code SAQ: 11598538

Chenin blanc
BLANC

Reconnaissable par ses arômes de miel, d'abricot et d'acacia. Il contient beaucoup de sucre et d'acidité. C'est pourquoi il est vinifié en sec, en mousseux et en vins sucrés. Il est le cépage clé des grands vins des appellations Vouvray, Coteaux-du-Layon et Savennières dans la Loire. Ceux provenant de Quarts de Chaume et de Bonnezeaux sont considérés comme les grands crus de la Loire. Le chenin blanc est aussi populaire dans le Nouveau Monde.

Domaine des Aubuissières Cuvée Silex, Code SAQ: 00858886

Gamay
ROUGE

Gamay est synonyme de vins peu tanniques et très fruités. Il est le cépage roi du Beaujolais.

Dominique Piron Domaine de la Chanaise Morgon, Code SAQ: 10272966

Grenache noir
ROUGE

La France et l'Espagne raffolent du grenache. Pourquoi ? Parce que les vins qu'il engendre sont colorés, remplis de fruits noirs et d'épices, et qu'il peut aussi servir à la production de vins fortifiés. Sur ses terres d'origine, en Espagne, il porte le nom de garnacha et de cannoneau en Sardaigne.

Yalumba Barossa Grenache, Code SAQ: 00902353

Gewurztraminer
BLANC

Le gewurztraminer est certainement l'un des cépages dont les arômes sont les plus évidents. Ses parfums de litchi, de rose et d'agrumes explosent dans le verre. On le trouve surtout en Alsace où il est utilisé pour la production de vendanges tardives. Il est planté aussi dans plusieurs régions du Nouveau Monde.

Sa particularité : ses raisins sont roses. Que veut dire gewurztraminer ? « Traminer » est le nom de sa variété. « Gewurz » signifie « épicé ».

Léon Beyer Gewurztraminer, Code SAQ: 00978577

Nebbiolo
ROUGE

Le nebbiolo est surtout présent dans le Piémont, en Italie. On le compare au pinot noir de Bourgogne, d'abord, parce que ses vins sont très pâles et ensuite, parce qu'il produit les plus grands vins de sa région, les barolos. Ses vins sont très différents de ceux à base de pinot noir. Ils sont tanniques, presque imbuvables en jeunesse, et reconnus pour leurs arômes complexes de champignon et de sous-bois avec l'âge.

Poderi Colla Nebbiolo d'Alba, Code SAQ: 10860346

Malbec
ROUGE

Voici un cépage qui voyage bien. Connu à Cahors dans le sud de la France depuis presque mille ans sous le nom de côt, il fait maintenant la renommée des vins d'Argentine. Sa principale caractéristique : il produit des vins si colorés qu'ils portent parfois le nom de « vins noirs ». Le malbec donne aussi des vins riches en alcool et parfois tanniques.

Norton Barrel Select Malbec, Code SAQ: 00860429

Merlot
ROUGE

Le merlot donne des vins souples, très fruités et agréables en jeunesse. Snobé des amateurs de vins corsés, il est le cépage phare d'un des vins les plus chers du monde : le Pétrus de Bordeaux. Dans la région bordelaise, il est souvent assemblé au cabernet sauvignon, au cabernet franc et au petit verdot pour lui ajouter du corps et de la profondeur.

Christian Moueix Merlot, Code SAQ: 00369405

Mourvèdre
ROUGE

Bien connu en Espagne sous le nom de monastrell, le mourvèdre se plaît dans les zones chaudes, en particulier dans l'appellation Bandol en Provence. Il donne des vins charpentés, riches en alcool et parfois austères en jeunesse. Quelques années de cave suffisent pour qu'il dévoile ses notes épicées et fruitées.

Castano Hecula, Code SAQ: 11676671

Muscat
BLANC

Il n'existe pas un muscat, mais bien des dizaines de variétés de muscat. Ils ont tous un profil aromatique semblable si bien qu'on le qualifie de muscaté, ce qui se traduit par des arômes de rose, d'abricot, de miel et de fruits exotiques. Le muscat est un cépage au goût sucré et il est l'un des rares raisins de cuve qui est savoureux au goût. Il est cultivé partout dans le monde et plus spécifiquement autour de la Méditerranée. Il est aussi utilisé dans le nord de l'Italie pour l'élaboration du mousseux « Moscato d'Asti ». À ne pas confondre avec la muscadelle du sud-ouest de la France.

Domaine Cazes Le Canon du Maréchal, Code SAQ: 10894811

Pinot gris
BLANC

Le pinot gris aime voyager. Il est cultivé en Alsace, en Californie, en Oregon et en Italie, où il est connu sous le nom de pinot griggio. Il donne des blancs aux notes légèrement fumées qui laissent croire à un élevage en barrique.

King Estate Acrobat Oregon Pinot Gris,
Code SAQ: 11333767

Pinot noir
ROUGE

Capricieux et exigeant, le pinot noir n'aime pas voyager. Il se plaît dans sa Bourgogne où il donne des rouges souvent peu tanniques aux arômes complexes de cerise noire, de violette et de fruits rouges. La finesse des vins de Bourgogne séduisent tant d'amateurs que les vignerons de partout s'entêtent à le cultiver. Les producteurs d'Oregon, de la Nouvelle-Zélande et de l'Ontario arrivent à le dompter et à produire des pinots noirs de qualité.

Domaine René Bouvier Bourgogne Pinot Noir Le Chapitre, Code SAQ: 11153264

Riesling
BLANC

Le riesling est associé à des arômes de pierre à fusil et d'hydrocarbures. Ses vignobles de prédilection sont l'Alsace et l'Allemagne. Il est aussi cultivé dans le Nouveau Monde où ses arômes de citron et de fleurs sont appréciés. Le riesling produit aussi les plus grands vins de glace.

Orofino Riesling,
Code SAQ: 11593850

Sangiovese
ROUGE

Qui dit sangiovese dit Toscane. Ce cépage donne des rouges souvent reconnaissables par leurs arômes de sous-bois et de tabac. Il est aussi présent en Corse où il porte le nom de nielluciu.

San Felice Il Grigio Riserva,
Code SAQ: 00703363

Sauvignon blanc
BLANC

Ses arômes d'urine de chat, de buis, de fruits tropicaux, de gazon fraîchement coupé et d'asperge ne laissent personne indifférent. Les plus grands vins de sauvignon blanc sont produits à Sancerre dans la Loire. Avec le chardonnay et le cabernet sauvignon, le sauvignon blanc forme le trio des vedettes internationales.

Chavet Menetou-Salon,
Code SAQ: 00974477

Syrah
ROUGE

La syrah, ou shiraz, originaire de la Vallée du Rhône donne des vins costauds, aux notes de poivre, de framboise, de violette et d'olive noire. Dans le Nouveau Monde, on le reconnaît par ses arômes de fruits cuits. Son élevage en barrique masque souvent ses notes florales. À ne pas confondre avec la petite syrah, originaire du nord du Rhône où elle porte le nom de Durif.

Les Vins de Vienne Saint-Joseph,
Code SAQ : 10783310

Viognier
BLANC

Le viognier est le secret des grands vins blancs de la Vallée du Rhône : Condrieu, Côte-Rôtie et la minuscule appellation Château-Grillet. Ses arômes de pêche et de miel et sa texture ronde en bouche séduisent. Il est souvent assemblé à la marsanne et à la roussanne.

Château Cazal Viel Viognier,
Code SAQ : 00895946

Tempranillo
ROUGE

Le tempranillo est le cépage clé des vins de la Rioja et de la Ribera del Duero en Espagne. On le reconnaît par ses notes de fruits noirs, de fleurs et d'épices ainsi que par sa faible acidité. Souvent élevé en barrique de chêne (américain pour les maisons plus traditionnelles), il produit des vins aptes à vieillir très longtemps. Il est aussi le cépage le plus planté au Portugal où il porte le nom d'aragonez ou de tinto roriz.

Marqués de Caceres Rioja Reserva 2008,
Code SAQ : 00897983

Zinfandel
ROUGE

Le zinfandel est massivement cultivé en Californie. Il donne des vins aux arômes de framboise et de fraise mûre, chargés en alcool et parfois même un peu sucré. Ce cépage n'est toutefois pas américain. Il provient de Croatie où il porte le nom de crljenak kaštelanski. Le primitivo italien est son cousin, car il est aussi issu de cette variété.

Cline Zinfandel,
Code SAQ : 00708677

Touriga nacional
ROUGE

Le touriga nacional est le raisin « chouchou » du Portugal, en particulier des producteurs de porto. Il donne des vins foncés, corsés, riches et complexes, aux arômes de cerise et de violette. Il est la plupart du temps vinifié avec d'autres variétés comme l'aragonez et le touriga franca.

Niepoort Dialogo,
Code SAQ : 12098033

Qu'est-ce qu'un cépage « hybride » ?

Un hybride est un cépage issu du croisement de différentes espèces de vigne provenant du genre *Vitis*. Ces croisements ont pour but de créer de nouvelles variétés plus résistantes aux maladies ou au froid.

Les cépages les plus connus (pinot noir, sangiovese, tempranillo, grenache, chardonnay) appartiennent à l'espèce *Vitis vinifera*. Ces cépages s'adaptent bien au climat tempéré. En revanche, si le mercure descend sous la barre des -20 degrés Celsius, la vigne s'endommage ou meurt. Elles sont de plus très sensibles aux maladies.

Il existe des vignes plus résistantes. Plusieurs se retrouvent à l'état sauvage en Amérique. Elles proviennent entre autres des espèces *Vitis labrusca*, *Vitis riparia* ou *Vitis rupestris*. Seule ombre au tableau, leurs raisins donnent des jus (moûts) de moins grande qualité et moins savoureux.

Pour tirer le meilleur des deux mondes (bon goût et résistance au froid), les scientifiques procèdent à des croisements entre des cépages de différentes familles. Ils appellent ces « nouveaux cépages » des hybrides. Des exemples : le seyval blanc, le vidal, le baco noir et le frontenac noir. Ces variétés sont très populaires dans les climats froids comme au Canada, aux États-Unis, et en Europe de l'Est. Il faut savoir qu'une multitude d'hybrides n'ont pas de nom. Ils sont plutôt identifiés par des numéros.

À ce jour, aucun hybride n'a acquis une réputation aussi solide que les cépages *Vitis vinifera*. Leurs arômes sont parfois même qualifiés de « foxés », du mot anglais *fox* (renard), car ces odeurs sont comparables à celles d'un chien mouillé. Pas très noble… On décrit aussi ces arômes foxés comme ceux de la fraise très mûre et du caramel.

?

HYBRIDE OU PAS ?
Le cabernet sauvignon est issu du croisement entre le cabernet franc et le sauvignon blanc. Est-il considéré comme un hybride ? Au sens propre, oui. Cependant, puisque les deux cépages croisés sont de l'espèce *Vitis vinifera*, le cabernet sauvignon ne peut être qualifié d'hybride. Il ne possède ni les qualités ni les défauts associés à ces cépages. Les scientifiques appellent donc ce type de croisement des « hybrides intraspécifiques ».

Les vignerons québécois utilisent plusieurs hybrides. Quelques-uns ont même été créés au Québec. C'est le cas du vandal-cliche. Ce cépage blanc a été développé à la fin des années 80 par deux chercheurs québécois, Joseph-O. Vandal et Mario Cliche. C'est un croisement complexe de vandal 63 (issu de prince of Wales et de *Vitis riparia*) et de vandal 163 (issu d'aurore et de chancellor). Il est surtout planté dans les vignobles de la région de Québec où il s'adapte mieux.

La principale différence entre les hybrides français et les hybrides américains est leur provenance. Les uns ont été croisés en France et les autres aux États-Unis. L'agronome québécoise Gaëlle Dubé note aussi que les hybrides français contiennent souvent une plus grande part de *Vitis vinifera* que les américains.

Au Québec, les vignerons cultivent des cépages issus des deux continents. Le seyval blanc, le vidal et le maréchal foch proviennent de France, tandis que les frontenac et le marquette sont américains.

Existe-t-il de bons hybrides ?

Oui. Plusieurs hybrides se démarquent, en particulier le vidal. Ce raisin blanc donne des vins très aromatiques et fruités. Il est issu d'un croisement entre l'ugni blanc (trebbiano en Italie) et de rayon d'or (seibel 4986). Au Québec et en Ontario, il est apprécié pour la production de vin de glace.

Le seyval blanc séduit aussi bon nombre de vignerons et de dégustateurs. Ce raisin blanc produit des vins à l'acidité élevée et aux parfums subtils. Il est issu d'un croisement de seibel 5656 et de seibel 4986. Intéressant : il a même déjà été utilisé pour la production des champagnes en France au début du 20e siècle.

En Europe, les chercheurs s'affairent à créer de nouveaux hybrides davantage résistants aux maladies dans le but d'utiliser moins de pesticides dans les champs. Il se pourrait bien que l'on boive d'ici quelques années des vins européens issus d'hybrides ! À suivre...

À GOÛTER !

Plusieurs vignerons québécois produisent un blanc d'assemblage à base de vidal et de seyval blanc. Dans le verre, c'est vif et parfumé... si bien que ces blancs ressemblent à certains vins de la Côte galicienne en Europe. Ils n'ont rien à envier aux autres vins du monde. Pur délice !

Le vignoble de l'Orpailleur ajoute depuis peu une touche de vidal dans son blanc à base de seyval. L'assemblage est délicieux !

L'Orpailleur 2012, Code SAQ : 00704221

Combien faut-il de vignes pour faire une bouteille de vin ?

LE PHYLLOXÉRA

Le phylloxéra est un insecte qui s'apparente à un puceron. Originaire d'Amérique, il est débarqué sur le contient européen au 19ᵉ siècle. Il a bien failli exterminer la viticulture sur le Vieux Continent. Dès son arrivée, il s'est répandu comme une traînée de poudre et s'est attaqué aux pieds des vignes causant leur mort en quelques années.

Le phylloxéra est encore présent de nos jours. Au Québec, il se retrouve sous sa forme gallicole, donc au niveau des feuilles. On le remarque par l'apparition de verrues sur les feuilles qui peuvent empêcher la plante de bien faire la photosynthèse. Heureusement, il cause peu de ravages.

De manière générale, les raisins produits par un pied de vigne équivalent à la production d'une bouteille. Ce n'est pas toujours le cas. Les grands crus et les vins sucrés nécessitent les fruits de plusieurs vignes pour produire une seule bouteille. Cette raison explique, en partie, leur prix plus élevé. Un pied de vigne se nomme aussi un cep.

Qu'est-ce qu'une vigne « franche de pied » ?

Il s'agit d'une vigne qui n'a pas été greffée. Les plants francs de pied de la famille *Vitis vinifera* sont rares. À la suite de la crise du phylloxéra au 19ᵉ siècle, les spécialistes ont découvert que les vignes américaines, comme le *Vitis labrusca* et le *Vitis riparia,* résistent mieux à ce puceron américain. Ils ont alors croisé des vignes provenant de différentes familles, créant ainsi les premiers hybrides. Ils ont finalement utilisé les vignes américaines comme porte-greffe pour empêcher le phylloxéra de s'attaquer aux plants. Ce procédé est encore utilisé aujourd'hui.

Comment les vignes non greffées résistent-elles au phylloxéra ? Elles sont souvent plantées dans le sable. Ce puceron n'aime pas ce type de sol peu stable, car il ne permet pas de construire des chemins pour voyager d'un pied de vigne à l'autre. Certaines vignes plantées dans un sol sablonneux ont donc été épargnées des ravages causés par ce puceron il y a plus d'un siècle. C'est le cas de plusieurs vignes du Chili et de l'île de Santorin, en Grèce.

Est-ce qu'un vin issu de vignes franches de pied a un goût différent ? Certains vignerons croient que oui. Ils replantent d'ailleurs, à leurs risques et périls, des vignes franches de pied pour le prouver.

Qu'est-ce qu'un vin « monocépage » ?

C'est un vin qui est produit avec un seul cépage. Par exemple, le Torres Vina Sol, l'un des dix vins proposés en dégustation dans le présent livre, est produit uniquement avec une variété de raisin, la parellada.

Les vins produits avec plusieurs cépages sont des vins d'assemblage. Pour ce faire, la plupart des vignerons vinifient d'abord chaque cépage séparément. Ils assemblent les cuvées au moment de mettre le vin en bouteille ou en fût. La composition des assemblages varie chaque année selon la réussite qualitative et quantitative des différentes variétés. Par exemple, la cuvée Petits bonheurs, du Clos Bagatelle, l'un des dix vins proposés en dégustation dans le présent livre, est un assemblage de syrah et de grenache.

L'assemblage le plus connu est celui des vins de Bordeaux. Il contient du cabernet sauvignon, du merlot, du cabernet franc et un soupçon de petit

À GOÛTER !
Vous voulez faire le test ? Le vigneron Henry Marionnet commercialise une bouteille de gamay provenant de vignes non greffées Code SAQ : 11844591), dont la vinification est identique à son vin issu de vignes greffées (Code SAQ : 00329532). Les deux sont offerts à la SAQ.

Le domaine Osoyoos-Larose dans l'Okanagan utilise les mêmes cépages qu'à Bordeaux.

RIVE DROITE, RIVE GAUCHE

Les vins de Bordeaux se différencient dans deux principales catégories : ceux de la rive droite et ceux de la rive gauche, selon l'endroit où ils sont produits en fonction du fleuve Garonne.

À droite de la Garonne, les vignerons utilisent davantage de merlot dans les assemblages, ce qui rend leurs vins plus fruités et gourmands. Tandis qu'à gauche, les vins contiennent majoritairement du cabernet sauvignon, cépage réputé pour ses cuvées de garde plus robustes en bouche.

Les vins mythiques de Saint-Émilion et de Pomerol, dont les fameux Pétrus et Cheval blanc, se trouvent sur la rive droite. Les vins de Médoc dont les célèbres Châteaux Margaux et Palmer sont situés sur la rive gauche.

verdot. Cette « recette » est si réputée qu'elle porte le nom de Meritage lorsqu'elle est reproduite dans une autre région viticole. Elle est très utilisée aux États-Unis et dans la vallée de l'Okanagan.

Les vignerons du monde entier reproduisent aussi l'assemblage typique du sud du Rhône en France, le GSM. Il contient du grenache noir, de la syrah et du mourvèdre.

Au-delà de l'assemblage de différents cépages, les vignerons assemblent aussi les raisins provenant de différentes parcelles de leur vignoble. Ils vérifient la maturité des fruits, le type de sol et l'ensoleillement. Les producteurs comparent souvent cet exercice à celui d'un peintre devant un large éventail de couleurs. Rarement mentionné sur la bouteille, ce détail a un impact sur le goût du vin… et parfois même sur son prix, qui sera ainsi plus élevé !

Pourquoi les étiquettes de vin européen mentionnent-elles rarement le ou les cépages utilisés ?

Parce que les vins produits en Europe sont classés selon un système d'appellation d'origine protégée (AOP). Selon ces règles, le lieu de production du vin est l'information la plus importante à mentionner et doit être visible sur l'étiquette. Elle indique ensuite le nom du producteur et parfois le cépage. Si ce système met en valeur le terroir et les vignobles, il est ultra rigide. Il ne permet pas aux vignerons de planter n'importe quel type de cépage à n'importe quel endroit. Ces conditions ne facilitent pas non plus la compréhension et la connaissance des vins européens par les consommateurs. Pour comprendre leurs étiquettes, il faut quelques notions de base. Un exemple ?

Sur cette étiquette de vin rouge de la Vallée du Rhône en France, pouvez-vous trouver le cépage ? Non !

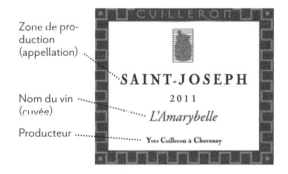

Zone de production (appellation)

Nom du vin (cuvée)

Producteur

C'est plutôt le mot Saint-Joseph qui est mis en valeur. Ce nom signifie la zone de production (ou appellation) située au nord du Rhône. Cuilleron est le nom du producteur et L'Amarybelle est le nom de la cuvée. Et le cépage ? Il faut savoir que l'appellation « Saint-Joseph » exige que les vins rouges contiennent au moins 90 % de syrah ! Ce rouge est donc un vin à base de syrah.

Un autre exemple. Sur l'étiquette de vin italien à la page 92, le mot « barbera » signifie à la fois le nom du cépage et le lieu de production. En effet, « Barbera d'Asti » est le nom de la région viticole située dans le Piémont. Elle est réputée pour ses rouges à base de « barbera ».

LA MENTION DE CÉPAGE

En général, la mention de cépage sur une étiquette de vin indique que celui représente au moins 75 % * de la composition du vin. Il existe cependant des dizaines d'exceptions selon le pays et la région viticole.

Selon les normes d'étiquetage de l'Organisation internationale de la vigne et du vin.

François Lurton
Les Fumées Blanches,
Code SAQ : 00643700

Une fois que vous connaissez cette information, il vous reste à connaître le producteur, Vietti, et à savoir que « tre vigne » est le nom de la parcelle, soit l'endroit spécifique dans le vignoble où poussent les vignes utilisées pour ce vin.

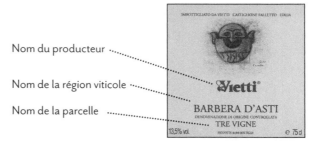

Nom du producteur ....

Nom de la région viticole ....

Nom de la parcelle ....

En général, les vignerons européens ne précisent pas le cépage sur leurs étiquettes, mais il existe plusieurs exceptions.

En France, la plus connue de ces exceptions est sans doute celle des vins alsaciens. Cette coutume d'inscrire le nom de la variété sur les bouteilles est une relique de l'annexion de la région alsacienne à l'Allemagne, où les vignerons ont l'habitude de mentionner le cépage sur leurs bouteilles.

Autre exception : la classification des vins européens appelée Indication géographique protégée (IGP) aussi connue sous le nom de « Vins de pays » est plus souple que les AOP. Elle permet ainsi d'utiliser différents cépages dans différents endroits et par la même occasion, de l'inscrire sur les étiquettes. Ces vins représentent le quart de la production française.

Par exemple, le vigneron bordelais François Lurton vinifie dans les Côtes-de-Gascogne, en France. Les vins produits dans cette région sont classés Indication géographique protégée (IGP) depuis 2009. Près de la moitié des vins de cette région mentionnent le ou les cépages sur leurs étiquettes.

LES VINS ALSACIENS
La majorité des vins alsaciens sont des monocépages. Il existe cependant des vins comme les cuvées d'assemblage gentil et edelzwicker. Un gentil doit contenir un minimum de 50 % de riesling, de pinot gris, de gewurztraminer et de muscat. Ces variétés doivent être vinifiées séparément avant d'être assemblées, tandis que tous les cépages blancs d'Alsace sont autorisés et peuvent être vinifiés ensemble dans l'edelzwicker.

LE SASSICAIA

Selon les anciennes règles italiennes, les vignerons de la Toscane ne pouvaient pas utiliser les cépages bordelais pour fabriquer leur vin. Le marquis Mario Incisa della Rocchetta, le producteur italien de la maison Tenuta San Guido, et aussi un grand amateur des vins de Bordeaux, a déjoué les normes et a planté dans les années 40 des vignes de cabernet sauvignon et de cabernet franc en bordure de mer dans une région où la vigne était presque absente, la Bolgheri. Il a appelé son vin élaboré avec ces grappes inusitées « sassicaia ».

Le « Sassicaia » a été commercialisé pour la première fois en 1968. Dès lors, il a séduit les amateurs du monde entier. Malgré son succès, le vin était vendu sous la simple mention « vin de table », puisque son assemblage ne respectait pas les normes.

Dans les années 70, des dizaines de vignerons ont planté de nouveaux cépages en Toscane, puisque les vins de sangiovese de l'époque n'étaient pas à la hauteur. Pour différencier ces vins hors du commun, le nom de « supertoscans » est apparu. Les autorités ont ensuite créé une nouvelle catégorie :

Indication géographique typique (IGT ou IGP), un système moins rigide que les Dénominations d'origine contrôlée garantie (DOC ou DOP). Aujourd'hui, plusieurs « supertoscans » ont droit à la mention DOC. Certaines maisons utilisent malgré tout l'appellation IGT.

D'autres producteurs sont maintenant installés sur cette côte. Depuis 1994, l'Italie a revu son classement et autorise désormais les producteurs de Bolgheri à utiliser les cépages bordelais.

LA MASSA

TOSCANA
INDICAZIONE GEOGRAFICA TIPICA

Le producteur italien Giampaolo Motta est un amoureux des vins de Bordeaux, si bien qu'il élabore cet assemblage de sangiovese, de merlot et de cabernet sauvignon en Toscane. Il est de plus conseillé par l'œnologue bordelais Stéphane Derenoncourt.

La Massa,
Code SAQ : 10517759

Pourquoi les étiquettes de vin américain sont-elles plus simples à comprendre que les européennes ?

Les vignerons des États-Unis, de l'Australie, de certains pays d'Amérique du Sud et de l'Afrique utilisent le nom du cépage comme outil de marketing. C'est pourquoi ils l'inscrivent sur leurs étiquettes. On y repère facilement le nom du producteur, le lieu de production et le cépage. Facile à déchiffrer et à retenir !

Le système de classement des vins est plus simple dans ces pays. La raison principale : parce que ces pays produisent du vin depuis moins longtemps qu'en Europe.

Nom du producteur / domaine

Région viticole en Californie

Cépage

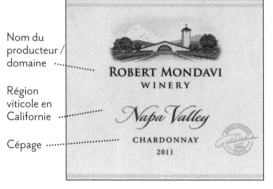

Robert Mondavi Chardonnay
Code SAQ : 00426627

L'étiquette de ce riesling américain est très amusante. Elle indique en un simple coup d'œil quoi manger en buvant cette bouteille : des mets asiatiques !

Le nom du vin, Kung fu Girl et le lieu de production, Washington State informent aussi le dégustateur.

Nom du vin

Nom du cépage

Lieu de production

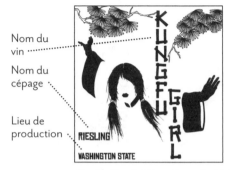

Charles Smith Wines Kung Fu Girl Riesling, Code SAQ : 11629787

Que faut-il regarder sur une étiquette de vin ?

Il faut repérer les cinq renseignements suivants :
- l'année de la vendange (sauf pour les mousseux et les vins fortifiés) ;
- le taux d'alcool ;
- la quantité de liquide ;
- le nom du producteur ;
- le lieu de production.

Ces mentions sont obligatoires et contrôlées, mais elles ne garantissent pas que le vin est bon. Le lieu de l'embouteillage et la catégorie du vin (vin de table ou vin d'appellation d'origine contrôlée) donnent une idée de sa qualité et de sa typicité.

Grappe de maréchal foch en véraison

VÉRAISON

Le changement de couleur des raisins se nomme « la véraison ». Elle se produit à la fin juillet et en août dans les vignobles de l'hémisphère nord. Certains vignerons estiment que le début des vendanges se tient 45 jours après la véraison. Ce stade végétatif est précédé au printemps de l'éclosion des fleurs de vignes – la floraison – et de leur transformation en fruits au début de l'été, la nouaison.

Que signifie la mention « vieilles vignes » sur une étiquette ?

Un pied de vigne vit en moyenne aussi longtemps qu'un homme, soit entre 80 et 100 ans. Dans les premières années de sa vie, la vigne produit beaucoup de raisins, donc beaucoup de jus. Avec l'âge, son rendement diminue. Ses jus sont alors plus concentrés et gagnent en qualité. C'est pourquoi certains producteurs ajoutent la mention « vieilles vignes » sur leur étiquette.

Ce terme est normalement utilisé lorsque les pieds de vigne atteignent l'âge respectable de 50 ans. Mais attention, aucune autorité ne réglemente cette mention. Il est donc possible que certains producteurs l'inscrivent sur l'étiquette même si les vignes sont encore jeunes.

Pour réduire le rendement des jeunes vignes, dans le but que la plante concentre son énergie et ses ressources, certains vignerons suppriment quelques grappes sur chaque pied pendant l'été. Cette opération s'appelle la « vendange en vert », car elle s'effectue un peu avant que les raisins changent de couleur. Les fruits restants sur le pied ont alors accès à davantage de sève.

La vendange en vert est contestée par plusieurs vignerons. Ils associent cette technique à un moyen de freiner les plantes trop stimulées par l'engrais.

ACIDE OU PAS
Les étiquettes de vin du Nouveau Monde et du Vieux Monde sont faciles à différencier. En dégustation, un aspect les distingue aussi : l'acidité. En effet, les vins européens, situés dans l'hémisphère nord, possèdent souvent une dose d'acidité que de nombreux vins australiens ou argentins, établis dans le sud, n'ont pas.

LE SOL DES VIGNES

LE MUSCADET
Les vins de l'appellation Muscadet dans la Loire de l'ouest sont élaborés avec le cépage melon de Bourgogne. Cette variété originaire de Bourgogne, comme son nom l'indique, s'est si bien installée sur les côtes de l'Atlantique qu'on en oublie parfois son vrai nom et qu'on la surnomme « muscadet ».

Qu'est-ce que le terroir ?

L'étymologie du mot terroir indique qu'il fait référence à la terre, au sol. La notion de terroir est cependant beaucoup plus complexe. Elle englobe une multitude de facteurs : l'altitude, le micro-climat et l'homme, le vigneron. L'Organisation internationale de la vigne et du vin ajoute même le paysage et la biodiversité dans sa définition de terroir. La définition du terroir est si complexe que les anglophones n'ont pas trouvé de nom équivalent pour traduire ce mot dans leur langue.

Tous les éléments qui constituent le terroir sont subjectifs puisque les hommes sont à la fois participants et observateurs. Ils choisissent de le mettre en valeur ou de ne pas en tenir compte.

Terroir montagneux et rocailleux dans le Languedoc, en France.

En somme, le terroir confère au vin ses caractéristiques distinctes.

Le terroir est davantage associé aux vins européens. Depuis de nombreuses générations, les vignerons d'Europe possèdent une expertise incomparable de leurs sols et de leur milieu. Cependant, de plus en plus de producteurs du Nouveau Monde s'intéressent à leurs sols et à leur environnement. Plusieurs entreprennent d'ailleurs d'intensives recherches afin d'identifier les différents terroirs et de trouver dans leur région les sols d'exception. Ils sont surnommés les « *terroir hunters* ».

Qu'est-ce qu'un vin de terroir ?

C'est un vin dont le goût et les odeurs mettent en relief les caractéristiques distinctes de son environnement. C'est le cas de certains vins argentins produits en haute altitude qui possèdent une grande fraîcheur en bouche, associée à la fraîcheur du climat, du côté iodé des muscadets de la Loire produits près de la mer ou encore du goût presque calcaire de certains chablis qui poussent dans un tel sol.

L'expression « vin de terroir » est davantage associée aux petits producteurs qu'aux grands domaines dont certains appliquent des méthodes plus industrielles. Les petits vignerons accordent souvent beaucoup de temps et d'énergie pour mettre de l'avant les caractéristiques particulières de leur milieu (sol, altitude, micro-climat) dans leurs vins.

En Bourgogne, le concept de terroir est encore plus pointu. Tout le vignoble a été divisé et répertorié il y a plusieurs siècles par les moines. Ces experts (avant-gardistes) du sol ont morcelé la région selon les différents terroirs. Ces parcelles de terre se nomment « climats ». La Bourgogne compte plus d'un millier de climats.

Ces différents terroirs expliquent pourquoi, même si la majorité des vins de Bourgogne sont produits avec seulement deux cépages (le pinot noir en rouge et le chardonnay en blanc), deux vins provenant de deux climats distincts peuvent être si différents au goût, et ce, même si ils sont produits à moins d'un kilomètre l'un de l'autre. Déroutant ! La France tente d'ailleurs d'inscrire ces climats au Patrimoine mondial de l'Unesco.

Dans les vignobles bourguignons, les « climats » sont souvent délimités par des murets de pierre. Ils portent alors le nom de clos. Le nom du climat se retrouve sur les étiquettes des Premiers et des Grands crus.

? LA BOURGOGNE : UNE RÉGION, DEUX CÉPAGES

Les grands vins de Bourgogne sont produits avec deux cépages : le pinot noir pour les rouges et le chardonnay pour les blancs. C'est facile à retenir !

Les Bourguignons racontent que le chardonnay et le pinot noir sont un jour partis en voyage autour du monde. Le chardonnay s'est plu dans une panoplie d'endroits et il a développé une passion pour les voyages. Quant à son cousin le pinot noir, beaucoup plus casanier, il a vite voulu rentrer à la maison.

Cette anecdote rappelle que le chardonnay pousse dans toutes les régions du monde, tandis que le pinot noir excelle dans quelques rares régions (Bourgogne, Oregon, Nouvelle-Zélande).

Le Clos des Avaux est un « climat » de l'appellation Beaune classé Premier cru. Il s'étend sur moins de deux hectares. Son nom « Avaux » est inspiré du lieu-dit « Vaux ou Val » qui signifie « une dépression dans la pente où sont situées les vignes », précise le site internet des Hospices de Beaune.

Plusieurs vignerons peuvent se partager les vignes d'un même climat (voir les étiquettes qui suivent). Cependant lorsqu'un seul domaine possède toutes les vignes d'un climat, il inscrit sur l'étiquette qu'il possède le monopole.

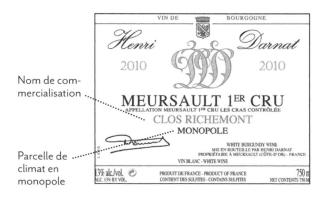

Nom de commercialisation ·········

Parcelle de climat en monopole ·········

VIN DE · BOURGOGNE

Henri *Darnat*

2010 · 2010

MEURSAULT 1ER CRU
APPELLATION MEURSAULT 1ER CRU LES CRAS CONTRÔLÉE
CLOS RICHEMONT
MONOPOLE

WHITE BURGUNDY WINE
MIS EN BOUTEILLE PAR HENRI DARNAT
PROPRIÉTAIRE À MEURSAULT (CÔTE-D'OR) - FRANCE
VIN BLANC - WHITE WINE

13% alc./vol. PRODUIT DE FRANCE - PRODUCT OF FRANCE 750 ml
ALC. 13% BY VOL. CONTIENT DES SULFITES - CONTAINS SULFITES NET CONTENTS 750 M

Le « Clos Richemont », situé dans l'appellation Meursault, fait parti du climat « Les Cras ». Mais puisque cette parcelle est la propriété unique du producteur Henri Darnat, et qu'elle est surélevée de trois mètres, le vigneron la commercialise sous le nom de « Clos Richemont », en monopole.

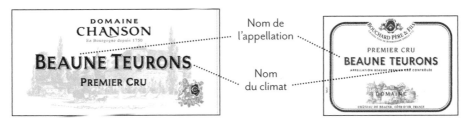

Nom de l'appellation

Nom du climat

Ici, les maisons Chanson et Bouchard, père et fils possèdent toutes deux des vignes situées dans le même climat « Teurons », situé dans l'appellation Beaune. Il ne s'étend pourtant que sur 2,4 hectares. Un climat : « Teurons » à Beaune . Deux producteurs : Chanson et Bouchard, père et fils.

Qu'est-ce qu'un « lieu-dit » ?

Les lieux-dits sont des parcelles de terre identifiées par le vigneron et dont les caractéristiques sont différentes de l'ensemble du vignoble. Les fruits des vignes plantées sur ces parcelles sont vinifiés séparément dans le but d'en faire un vin unique et dont le goût est différent. Les lieux-dits sont souvent composés d'une seule variété de raisin.

La mention du lieu-dit se trouve souvent sur l'étiquette et son nom évoque la plupart du temps une histoire.

Est-ce que la vigne pousse dans n'importe quel type de sol ?

La vigne aime les sols pauvres et qui se drainent facilement. Les vignerons le répètent souvent : « La vigne aime souffrir ». *Exit* les sols fertiles et

Le vignoble québécois Les Pervenches est bien connu pour ses blancs à base de chardonnay. En 2012, le domaine a vinifié séparément sa parcelle de chardonnay la plus à l'ouest, là où le soleil se couche. C'est pourquoi ce « lieu-dit » porte le nom de « Le Couchant ». Intéressant : les vignes de cette parcelle sont aussi protégées par un boisé. Les vignerons ont observé que cette zone est la plus chaude de leur vignoble.

humides. La vigne s'adapte cependant à une grande variété de sols. Ses racines sont si puissantes qu'elles peuvent se frayer un chemin de plusieurs mètres de profondeur pour trouver les minéraux et l'eau nécessaires à sa survie.

La majorité des vignes poussent dans un mélange d'argile et de calcaire, appelé « sol argilo-calcaire ». Parfois, l'argile prédomine, parfois c'est le calcaire. Les roches composées de ces deux éléments portent aussi le nom de « marne ». Les marnes (grises ou bleues) sont classées selon leur composition et leur âge. À certains endroits, la présence de calcaire est si importante que le sol ressemble à de la craie blanche comme celle utilisée pour écrire sur les tableaux d'ardoise. C'est le cas, entre autres, en Champagne en France et à Jerez en Espagne.

Mais ce n'est pas tout. Certaines régions viticoles sont plutôt reconnues pour leur sol de granite, comme c'est le cas dans le Beaujolais, leurs schistes comme à Faugères dans le Languedoc ou leur sol volcanique en Grèce.

?

L'ÉPOQUE DE FORMATION
Les sols et leurs sous-sols sont classés selon leur époque de formation. Une des plus connues est le kimméridgien, qui date de 150 millions d'années.

Galets roulets à Châteauneuf-du-Pape, domaine Ogier

Si vous avez déjà visité les vignobles de Châteauneuf-du-Pape dans le sud de la France, vous vous êtes certainement demandé comment la vigne peut pousser dans un tas de grosses pierres. Ces galets, déposés il y a plusieurs milliers d'années lors du passage du Rhône, sont très utiles. Ils permettent d'emmagasiner la chaleur pendant le jour et de réchauffer la vigne pendant la nuit. Elles aident ainsi au mûrissement des raisins. Voilà pourquoi la plante s'y plaît !

Les pierres sont utilisées par de nombreux vignerons dans le monde. Ils les ajoutent à leur terroir pour former des terrasses, comme c'est le cas dans le Douro, au Portugal, et du même coup, ils aident à réchauffer la vigne quand c'est nécessaire. Au Québec, le vignoble de La Chapelle Ste-Agnès, près de Frelighsburg est situé sur 18 terrasses construites avec des roches importées de Lac-Brome afin d'aider au mûrissement de ses variétés *Vitis vinifera*.

Est-ce que le sol influence le goût du vin ?

Les vignerons et plusieurs experts croient que oui. C'est d'ailleurs pour cette raison que les premiers précisent parfois le type de sol où poussent leurs vignes sur la contre-étiquette (à l'arrière de la bouteille).

De récentes études[1] avancent toutefois que cette croyance est fausse et que le sol ne change pas le goût du vin. Elles prétendent de plus que les odeurs de caillou mouillé et de silex fréquentes dans plusieurs vins, et souvent associées au sol, sont plutôt une invention des dégustateurs.

Qui dit vrai ? Difficile de trancher. Comme de nombreux experts, vous remarquerez peut-être

1 http://www.decanter.com/Jeff On Monday : The Party's Over

DE LA TERRE À VIGNES
À Chablis, les roches de calcaire sont remplies de petits coquillages laissés il y a des millions d'années par le passage d'une ancienne mer. Fait surprenant : ces mêmes roches se trouvent dans la Loire !

Ce sol est si approprié à la culture de la vigne que le vigneron Philippe Chavet, à Menetou-Salon, raconte que son père lui disait, il y a plus d'un demi-siècle, que ces roches formaient « de la terre à vignes ». Elles sont aussi surnommées « les oreilles de poule ».

Fait exceptionnel : les vignes du Languedoc sous la neige au printemps.

que les chardonnays élaborés dans un sol très calcaire, comme à Chablis, possèdent souvent une
dureté en bouche, des arômes très « minéraux »
et une odeur de pierre à fusil (pensez à l'odeur de
deux cailloux frottés ensemble, à celle de la craie
blanche, des coquillages). C'est le cas aussi de certains blancs de la Loire, de Champagne, d'Alsace,
des rieslings allemands et des blancs de l'île de
Santorin en Grèce.

La minéralité est moins souvent associée aux vins
rouges. Pourtant, elle s'y trouverait aussi. Certaines
cuvées du Priorat en Espagne, du Roussillon en
France ainsi que de la partie nord du Rhône sont
parfois qualifiées de minérales. Dans ces vins,
elle est caractérisée par les odeurs d'encre noire et
de graphite.

Selon vos dégustations, vous pourrez vous ranger
du coté des vignerons ou des chercheurs. À vous
de choisir !

LE CLIMAT

Quel est le climat idéal pour la culture de la vigne ?

La vigne (surtout celles de la famille *Vitis vinifera*)
aime la chaleur, n'aime pas l'humidité et craint le
froid intense. Elle peut pousser un peu partout
dans le monde en autant que la température ne
chute pas en dessous de -20 degrés Celsius.

Chaque cépage a ses préférences. Certains supportent mieux la chaleur comme le grenache, le
mourvèdre, le carignan, la roussanne et la marsanne, tandis que d'autres préfèrent les conditions
plus fraîches : pinots (gris, noir, blanc), riesling,
gamay, gewurztraminer. Il y a des variétés qui

LA MINÉRALITÉ
La minéralité est un
concept nouveau
qui abonde dans les
chroniques de vin et
sur Internet. C'est un
mot fourre-tout dont
la définition varie
selon le dégustateur.
Il y a 15 ans à peine, la
minéralité était absente
du vocabulaire vinicole.
Un conseil : utilisez
le terme minéralité
avec parcimonie. Il est
difficile à décrire et à
prouver...

apprécient les deux types de climats comme le sauvignon blanc ou le chardonnay.

Chaque cépage croît à un rythme qui lui est propre. Par exemple, le merlot arrive à maturité plus rapidement à l'automne que le cabernet sauvignon.

La viticulture est encore jeune au Québec. Les vignerons découvrent tranquillement quels cépages s'adaptent mieux à leurs sols et à leur climat qui est à la fois très froid en hiver et très chaud en été.

Si le pinot noir aime le climat frais, pourquoi n'y en a-t-il pas plus au Québec ?

Les vignerons ont longtemps cru que les vignes de pinot noir ne résisteraient pas au froid glacial de la province. Les récentes méthodes de protection hivernales, qui consistent à couvrir les vignes d'un géotextile, semblent déjouer les idées préconçues. Mais tout n'est pas gagné ! L'un des principaux défis est d'amener les raisins à pleine maturité avant le froid de l'automne, ce qui n'est pas une mince tâche avec le pinot noir. De plus, sa préférence pour les sols calcaires et sa fragilité aux maladies expliquent pourquoi le pinot noir, tant apprécié des amateurs, est si peu planté au Québec.

Est-ce que le réchauffement de la planète influence la viticulture ?

Oui. Les vignerons établis depuis des siècles dans les zones chaudes ont de plus en plus de mal à produire des vins équilibrés. Leurs cuvées sont davantage chargées en alcool et moins acidulées. Il fait parfois si chaud que les raisins grillent sous le soleil. Une évidence se dresse à l'horizon : la carte mondiale de la viticulture est en train de changer. Les régions jugées depuis toujours trop froides pour la culture de la vigne deviendront peut-être le berceau des grands crus de demain. Des exemples ? L'Angleterre tente

LES EFFETS DE LA CANICULE

La France a subi une canicule exceptionnelle en 2003. Dans cette chaleur intense, les raisins se sont chargés en sucre et leur acidité a diminué. Si bien que les vins français de la vendange 2003 ne possèdent toujours pas l'équilibre nécessaire pour vieillir : ils sont chargés en alcool et leurs arômes de fruits semblent cuits par le soleil.

depuis des siècles de récolter sur son île des raisins assez mûrs pour produire des mousseux. Depuis quelques années, elle y arrive. La Belgique, qui avait abandonné la viticulture depuis le 16e siècle, recommence depuis cinquante ans à produire du vin. Même la Suède, pays encore plus nordique que le Canada, compte depuis peu quelques vignerons.

Selon le chercheur Lee Hannah, dont un article a été publié dans la revue scientifique américaine *Proceedings of the National Academy of Sciences of the USA,* et repris dans le journal français *Le Monde* en mai 2013, « les terres propices à la culture de la vigne se réduiraient de 68 % en Europe méditerranéenne d'ici 2050 à cause du réchauffement climatique ». Inquiétant !

Quelles sont les conditions climatiques idéales pour réaliser un grand vin ?

Le réputé œnologue bordelais Denis Dubourdieu avance ces quatre conditions :

1. La fleur de vigne doit se développer rapidement au printemps et la vigne ne doit pas souffrir de gels printaniers, au risque de perdre sa récolte.

2. Il ne doit pas pleuvoir lors de la formation des fruits (nouaison) au début de l'été.

3. Les baies doivent arrêter de croître lors du changement de couleur (véraison) pour emmagasiner le maximum de nutriments.

4. Il doit y avoir peu de pluie, beaucoup de soleil et pas trop de chaleur jusqu'à la vendange.

M. Dubourdieu ajoute que pour les blancs, il est souhaitable qu'il y ait un écart de température entre le jour et la nuit afin que l'acidité des raisins et que leurs arômes soient protégés.

Ces conditions sont rarement toutes réunies. Dame Nature joue des tours aux vignerons. C'est pour cette raison que les vins sont différents d'une année à l'autre.

Qu'est-ce que le « millésime » ?

Le millésime correspond à l'année de la vendange. Il est inscrit sur la majorité des bouteilles. Il donne un indice des conditions dans lesquelles le vin a été produit. Notez toutefois que certains vins (la plupart des champagnes, des portos et les vins d'épicerie) sont des assemblages de plusieurs récoltes. Ils ne sont donc pas millésimés.

Chaque année, les experts classent les millésimes selon la qualité de la vendange et le potentiel de garde des vins. Celui du réputé critique Robert Parker est complet, facile à consulter et gratuit.
https://www.erobertparker.com/newsearch/vintagechart1.aspx

LES MILLÉSIMES DU 21ᵉ SIÈCLE

Pour évaluer la qualité d'un millésime, il faut goûter plusieurs vins d'une même région. Voici donc mes notes de millésimes des régions que j'ai goûtées suffisamment pour en connaître les caractéristiques de 2000 à 2012. Pour en savoir plus sur différents millésimes, vous pouvez faire une simple recherche sur le Web.

2011

Après les années 2009 et 2010 qualifiées d'exceptionnelles, 2011 est plus réservée. Ce sont souvent des vins de consommation plus rapide.

2012

La Bourgogne passe à l'histoire. Non pas grâce à sa récolte exceptionnelle, mais plutôt à cause de la grêle qui a ravagé une importante partie de ses fruits. Le scénario catastrophe s'est répété en 2013 dans cette région, mais aussi dans la Loire et dans quelques appellations de Bordeaux. Les faibles rendements vont affecter le prix. La chaleur exceptionnelle de l'été 2012 au Québec permet de croire que la météo a engendré les meilleurs vins de l'histoire de la province.

2010

Beau temps et chaleur, les «Dieux du vin» ont béni l'année 2010. C'est le millésime des vins de garde de Bordeaux et de la Bourgogne. Les Châteauneufs-du-Pape ont aussi excellé. Vos enfants sont nés en 2010? Mettez-leur quelques bouteilles en cave.

2009

Une année d'exception dans plusieurs régions viticoles. C'est le cas à Bordeaux où les experts ont encensé les cuvées 2009 pour leur équilibre en bouche et leur fruité. Les vins à base de syrah provenant du Rhône Nord se garderont très longtemps. Les vins de Californie sont particulièrement réussis.

2008

Une année dans la moyenne. Pas d'étoiles filantes, pas de catastrophes. Sauf pour les champagnes millésimés 2008, qui devraient être commercialisés six à sept ans après leur récolte, précise le spécialiste Guénaël Revel.

2004 et 2003

Les canicules des étés 2003 et 2004 ont engendré des vins gorgés de soleil, souvent trop alcoolisés et peu équilibrés, surtout dans le sud de la France. En Italie et en Espagne, les 2003 sont toutefois plus réussis. Les vignerons californiens ont excellé au cours de ces deux années. Au Portugal, la qualité des vintages 2003 est excellente.

2007

C'est une année hétéroclite en France où la plupart des vins sont moins réussis. En revanche, dans le nord de l'Italie, plus particulièrement dans le Piémont, les rouges à base de nebbiolo sont délicieux. Les Chianti 2007 sont aussi très bons. Dans la Péninsule du Niagara, au Canada, 2007 est l'un des plus beaux millésimes. Au Portugal, les maisons de Porto ont produit le plus grand nombre de cuvées vintages de leur histoire.

2006

Plusieurs cuvées 2006 du Nouveau Monde et de l'Italie sont particulièrement bonnes.

2005

C'est le grand millésime du début du 20ᵉ siècle. Une règle simple : quand c'est 2005, c'est presque toujours bon ! Les vins sont équilibrés, ils possèdent beaucoup de matière et les tannins sont soyeux. Les conditions étaient parfaites.

2002

C'est une année de climat froid. Les conditions climatiques ont été presque parfaites dans le nord de la France. Résultat : les vins liquoreux de la Loire sont homogènes et très jolis. Les champagnes millésimés sont merveilleux.

2001

Ce n'est pas une grande année, mais c'est une très belle année dans plusieurs régions viticoles particulièrement en Californie, à Sauternes dans le Bordelais et dans le Piémont, en Italie.

2000

Une fois les inquiétudes du « Bogue de l'an 2000 » derrière eux, les vignerons ont espéré que Dame Nature serait clémente pour leurs cuvées du nouveau millénaire. Et elle l'a été. Les vins 2000 sont souvent très réussis. Si vous en avez en cave, c'est le temps de les vérifier et de les ouvrir !

Qu'est-ce que « l'effet millésime » ?

Ce sont les conditions climatiques qui influencent la maturité, le rendement et la qualité des raisins durant toute l'année précédant la vendange. Par exemple, la vigne a souffert du froid pendant l'hiver, des gelées printanières ont nui au développement des raisins, la vigne a manqué d'eau durant l'été, la grêle a touché des grappes ou encore il y a eu de la pluie pendant les récoltes. Ces conditions ont toutes une influence sur le goût du vin.

L'effet millésime caractérise davantage les vins européens, car ils sont produits dans un climat tempéré plus froid que dans plusieurs régions du Nouveau Monde. Les températures chaudes et constantes des pays d'Amérique du Sud, d'Afrique du Sud et de l'Australie assurent presque toujours une bonne récolte aux vignerons.

Certains producteurs tentent d'uniformiser le goût de leurs vins, donc de cacher cet effet millésime, pour satisfaire leurs clients. Comment ? En sélectionnant sévèrement les raisins ou en manipulant davantage le produit lors de la vinification.

LES MODES D'AGRICULTURE

Tous les vignerons ne cultivent pas leurs vignes de la même façon. Certains refusent d'avoir recours à des produits chimiques, tandis que d'autres utilisent la quantité nécessaire pour éliminer les maladies. Leur choix influence évidemment le goût du vin.

Qu'est-ce que l'agriculture conventionnelle ?

Il s'agit du mode de culture des vignes pratiqué par le plus grand nombre de vignerons sur la planète depuis les cinquante dernières années. Elle consiste à utiliser des produits chimiques de synthèse pour prévenir et combattre les maladies de la vigne. Elle est coûteuse, mais très efficace.

Ce mode d'agriculture est apparu au début du 20e siècle, la production et le développement de produits chimiques s'étant accrus lors des deux guerres mondiales. Avec la fin des combats, les fabricants ont rendu disponibles une foule de substances chimiques aux producteurs de vins : des fongicides pour éliminer les champignons, des engrais pour stimuler la croissance des vignes, ainsi que des insecticides et des pesticides pour tuer certaines bestioles néfastes. La majorité des vignerons de l'époque ont été séduits par

Les sols sont labourés à l'aide d'un cheval au Château Latour dans l'appellation Pauillac, à Bordeaux.

l'efficacité de ces produits, si bien qu'ils les ont adoptés dans leur vignoble.

Chaque produit chimique impose un délai entre son application et la récolte des fruits. Cette période varie de quelques jours à plusieurs semaines. Il faut donc espérer que le vigneron a suivi à la lettre les recommandations.

L'agriculture conventionnelle perd cependant du terrain. Plusieurs vignerons constatent que ces produits chimiques contaminent et abîment leurs sols. Des études démontrent de plus que des traces de pesticides se retrouvent dans leurs vins, ce qui pourrait être nocif pour la santé à long terme.

Quelle est l'alternative à l'agriculture conventionnelle ?

L'agriculture raisonnée ! Selon cette méthode, les vignerons n'utilisent plus les produits chimiques de synthèse, comme les herbicides, pour « prévenir » les maladies. Ils les appliquent en derniers recours, après avoir tenté au préalable des méthodes plus écologiques pour régler leurs problèmes. Autre élément distinctif, ils labourent de nouveau les sols. Cela permet à l'eau de pluie de pénétrer plus facilement dans la terre pour nourrir les vignes, de la décompacter et de favoriser ainsi l'activité microbienne du sol. Les racines pénètrent souvent plus profondément dans les sols labourés.

Si l'agriculture raisonnée est très prisée des vignerons, elle n'est soumise à aucune règle. Elle s'applique selon la bonne volonté des producteurs. Plusieurs d'entre eux précisent sur la contre-étiquette de leurs bouteilles qu'ils pratiquent ce mode d'agriculture. Cette mention ne garantit toutefois pas que le vin ne contient aucune trace de produits chimiques.

BACTÉRIES, CHAMPIGNONS, INSECTES...
La vigne a de nombreux ennemis. Les animaux, les bactéries, les champignons et les insectes peuvent à tout moment nuire à la récolte. Pour que les raisins arrivent à maturité en pleine santé, le vigneron doit être vigilant et attentif.

L'ennemi numéro 1 de la vigne est le mildiou, aussi connu sous le nom de *plasmopara viticola*. C'est un champignon qui forme des taches brunes ou blanches sur les feuilles des vignes. Il affecte d'abord la feuille, puis toute la plante. Il nuit à la croissance des grappes et à la résistance de la vigne à l'hiver. Il se traite avec la bouillie bordelaise, un mélange de cuivre et de chaux autorisé aussi en agriculture biologique.

D'autres champignons tels l'oïdium, la pourriture grise et le *black-rot* sont également craints des vignerons.

Qu'est-ce qu'un vin bio ?

L'agriculture biologique bannit carrément l'usage des produits chimiques dans les vignes. *Exit* les fongicides, les insecticides et les herbicides ! Pour combattre les maladies, les vignerons utilisent plutôt des produits d'origine naturelle et des matières organiques même si ces substances sont parfois moins efficaces.

Avant d'obtenir une certification « agriculture biologique », le vigneron doit se conformer aux normes établies par les organismes pendant trois ans. Plusieurs réglementations et sociétés privées encadrent ce mode de production, les plus connues sont sans doute Eco-Cert et AB.

L'agriculture biologique ne garantit pas que les vins soient meilleurs au goût. Ils devraient toutefois être meilleurs pour la santé, bien que certaines analyses de vins bios démontrent qu'ils contiennent parfois, eux aussi, des traces de produits chimiques. Chose certaine, l'agriculture biologique tend à protéger davantage le sol et les vignes.

Est-ce que les vins produits selon l'agriculture biologique sont plus chers ? Pas nécessairement. Cependant, puisque les vignerons contrôlent parfois plus difficilement les maladies dans le vignoble, ils subissent des pertes de raisins plus grandes. Ils doivent alors augmenter le prix de leurs bouteilles, produites en moins grand nombre. Cette règle est vraie aussi pour les vins produits selon les autres types d'agriculture.

Qu'est-ce que la biodynamie ?

La biodynamie est un mode d'agriculture très différent des autres, car il inclut une part de croyance et de mystère, ce qui est unique en viticulture ! La biodynamie s'appuie sur des principes élaborés

LES PRODUITS PHYTOSANITAIRES
En France, l'industrie viticole consomme 20 %* des produits phytosanitaires utilisés. Cette agriculture ne représente toutefois que 3 % de la surface agricole de l'Hexagone.

Source : « Le retour obligé à la nature », Le Point, numéro 8, hors-série, avril-mai 2006.

par un chercheur autrichien, Rudolf Steiner, en 1924. Sa principale idée : tout dans le vignoble (ou dans un domaine agricole) est vivant. Le plus grand défenseur de cette pratique est aujourd'hui le vigneron Nicolas Jolys, établi dans la Loire en France.

Pour appliquer les règles de la biodynamie, il faut d'abord que le vigneron pratique une agriculture biologique. Aucun produit chimique n'est utilisé. Car si ces substances enrayent certains champignons et insectes qui nuisent à la vigne, elles détruisent aussi les micro-organismes présents dans le sol et qui sont nécessaires à la plante.

L'agriculture biodynamique se base ensuite sur le calendrier luni-solaire afin d'effectuer certaines opérations dans le chai, l'endroit où s'effectue la vinification, comme dans le champ. Il est préférable, par exemple, d'embouteiller lorsque la lune est décroissante.

« La biodynamie a pour but de redonner vie au sol afin que celui-ci puisse être le support vivant de la vigne », explique la spécialiste Aurore Messal dans son livre *La biodynamie, la vigne et le vin*.

Afin de dynamiser le sol et les vignes, les vignerons enfouissent diverses préparations dans la terre. Les plus connues sont la bouse de vache et la silice de corne, les tisanes à base de plantes de vache et le compost. Le compost de bouse est, par exemple, un mélange de calcaire, d'argile et de bouse de vache.

Farfelu ? Un peu, avouent plusieurs vignerons. Ils ajoutent du même souffle que ces méthodes ont changé la production de leurs vignes et de leurs vins. Sans tambour ni trompette (et parfois même en cachette), ils sont de plus en plus nombreux à adopter les principes de la biodynamie. Les vignerons peuvent les appliquer dans leurs champs, mais ne pas le faire lors de la vinification.

LA BIODYNAMIE

L'un des plus mythiques et célèbres domaines du monde, le domaine de la Romanée-Conti en Bourgogne, applique les principes de la biodynamie.

Au Québec, le domaine Les Pervenches à Farnham emploie aussi la biodynamie.

Les vins de la Romanée-Conti sont si rares et si convoités que les œnophiles se rendent au pied de ses vignes pour rêver un jour de pouvoir goûter à ces crus. Un indice pour trouver l'endroit ? Cette croix.

L'organisation *Demeter* certifie et encadre les vins issus de ce mode d'agriculture.

Qu'est-ce qu'un «vin nature»?

Le vin nature n'est pas un mode d'agriculture. C'est plutôt une façon de faire le vin. Le vin nature renferme un minimum de produits stabilisants et chimiques. Il contient uniquement du jus de raisin fermenté. C'est tout. Le vin nature est produit par les vignerons qui pratiquent surtout l'agriculture biologique ou biodynamique et qui cherchent à vinifier le plus naturellement possible. Dégustés dans des dizaines de vignobles partout dans le monde, ces vins sont surprenants, juteux, frais et croquants, mais ce n'est pas toujours le cas…

Sans stabilisant, ces vins voyagent mal. Ils contiennent parfois un peu d'effervescence, due à une nouvelle fermentation en bouteille. Dans d'autres cas, ils dégagent des odeurs très animales ou des odeurs d'œufs pourris. Pas vraiment ce que l'on recherche! Ces cuvées sont de plus très différentes d'une bouteille à l'autre, surtout si elles sont conservées à des températures supérieures à 15 degrés Celsius.

Les fervents de vins nature acceptent ces caractéristiques hors du commun. Le vin est un «produit vivant». Il est donc normal, selon eux, qu'il évolue.

C'est aussi à cause de ces caractéristiques que de nombreux spécialistes critiquent les vins nature. Ils dénoncent le rejet des progrès techniques et œnologiques qui entraînent des vins instables et parfois nauséabonds. Effet de mode ou réelle tendance? L'avenir nous le dira. Cette méthode a néanmoins permis une prise de conscience sans précédent dans tous les vignobles et prouvé à tous qu'il est encore possible de produire du bon vin sans l'ajout de produits chimiques.

La SAQ commercialise très peu de vins nature, car ils sont trop imprévisibles. Ces cuvées, exceptionnelles lorsqu'elles sont goûtées sur le lieu de production, peuvent être un véritable fiasco une fois servies à votre table. Pas très rassurant pour ceux qui les vendent.

Les vins des vignerons français Pierre Overnoy, dans le Jura, du Domaine Marcel Lapierre, dans le Beaujolais, du Château Le Puy à Bordeaux et du Clos Saragnat à Frelighsburg au Québec sont disponibles sur les tablettes de la SAQ. Ces producteurs sont réputés pour leur minimum d'intervention dans le champ et le chai.

Plusieurs agences d'importation privées proposent des vins nature encore plus atypiques et originaux (Glou, Primavin, Moine Échanson, Raisonnance, réZin, La QV). Il suffit de les contacter pour se procurer ces vins en caisses de six ou de douze bouteilles.

LES MALADIES DU BOIS

De plus en plus de vignes sont chaque année victimes des « maladies du bois », un ensemble de troubles provoqués par des champignons. Les chercheurs n'ont toujours pas trouvé de remède, si bien que plusieurs comparent le problème à la crise du puceron phylloxéra d'il y a deux siècles.

En 2003, 5,5 % des vignes françaises étaient improductives à cause des maladies du bois, selon Patrice Rey, professeur au département des Sciences et de la Gestion du végétal à Bordeaux. Au cours des dix dernières années, ce chiffre a plus que doublé. En 2013, c'est 13 % du vignoble français qui est affecté.

Les maladies du bois, en particulier l'esca, sont observées depuis l'Antiquité, mais elles ont effectué une montée spectaculaire au cours des dernières années.

Outre l'esca, les vignes sont infectées par l'eutypiose et le *black dead arm*. Ces champignons s'attaquent surtout au bois de la plante. Ils peuvent tuer la vigne en quelques heures ou y être présents mais ne pas l'affecter pendant plusieurs années. Il suffit toutefois d'ajouter 5 % de raisins dont la vigne est atteinte par le champignon dans sa cuve pour que le vin développe des défauts aromatiques.

La France n'est pas le seul pays viticole à être touché par les maladies du bois. C'est l'un des problèmes majeurs de la viticulture aux États-Unis. Au Québec, les maladies du bois sont moins répandues, constate Philippe Rolshausen, de l'Université de Californie à Riverside qui a étudié les vignes de la province en 2008 et 2009. Mais elles existent.

Les changements climatiques et les nouvelles manières de tailler la vigne pourraient être en cause. L'amplification des maladies du bois au cours des dix dernières années concorde également avec l'interdiction en France et ailleurs en Europe d'utiliser de l'arsenic de sodium, un poison, pour contrôler ces champignons.

Une équipe de vendangeurs à Pernand-Vergelesses, en Bourgogne.

Quelle est la différence entre la vendange mécanique et la vendange à la main ?

Il y a deux différences principales : la vitesse d'exécution et le coût de production.

La vendange à la main est minutieuse, sélective et efficace. Elle coûte toutefois très cher, car les vendangeurs doivent être nourris et logés. De plus, il peut être difficile de réunir une équipe à la dernière minute quand la météo prévoit de la grêle dans les deux prochaines heures.

La machine à vendanger, quant à elle, enjambe les rangées et secoue les vignes pour en faire tomber les raisins en un temps record. Son coût d'achat est élevé, mais le prix en vaut la peine selon certains vignerons.

D'autres lui reprochent cependant de ne pas sélectionner les fruits comme le font les vendangeurs, soit de cueillir uniquement les raisins qui sont mûrs. Autre désavantage : sous le poids des fruits accumulés dans le récipient de la machine, certains éclatent et s'oxydent prématurément. C'est pourquoi la vendange mécanisée est interdite dans différentes régions, comme en Champagne. De plus, la machine à vendanger est inutilisable dans plusieurs vignobles du monde, en particulier ceux établis en terrasses comme dans le Douro au Portugal.

Au-delà de ces différences, de nombreux vignerons accordent de plus en plus d'importance au travail manuel. Ils précisent sur leurs étiquettes que leurs raisins sont cueillis à la main. C'est pour eux une question de principe !

VIGNERON OU NÉGOCIANT ?
Saviez-vous que certaines entreprises vinicoles ne possèdent pas de vignes ? Elles sont regroupées sous le nom de « négociant ». Le plus connu de tous est sans aucun doute Georges Dubœuf dans le Beaujolais. Son entreprise achète des raisins ou des cuvées pour les vinifier à sa façon. Puis, il commercialise les vins sous son nom.

Quant au vigneron, il possède ou loue ses vignes. Il les entretient, puis vinifie ses raisins ou les vend aux négociants.

LA VINIFICATION

Tout amateur de vin rêve un jour d'élaborer son propre vin. Les étapes de la vinification semblent si simples que l'on s'imagine vinifier sans problème des raisins dans son sous-sol. C'est possible. Le vigneron montréalais Thomas Bachelder a d'ailleurs commencé sa carrière de vigneron de cette façon avant de vinifier en Europe et en Amérique du Nord. Il raconte du même souffle que produire du vin est beaucoup plus complexe qu'il peut en paraître.

De quoi est fait le raisin ?

En cuisine, avant de commencer une recette, il faut d'abord connaître ses ingrédients. Dans le vin, c'est simple : il faut connaître l'anatomie du raisin.

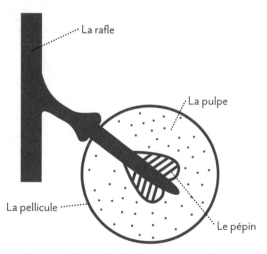

La rafle est la partie boisée de la grappe. Elle peut être conservée ou pas lors de la vinification. Elle contient des tannins et elle peut être à l'origine du goût végétal du vin.

La pellicule, aussi appelée la peau, contient les pigments de couleur : les anthocyanes. Si elle reste en contact avec le jus, le vin sera plus coloré.

La pulpe contient les jus et les arômes du vin. Elle est la partie la plus importante dans la production. Elle est souvent incolore. Quelques cépages rouges ont cependant des pulpes colorées. Ce sont les cépages dits « teinturiers ».

Les pépins contiennent des huiles et des tannins au goût amer et désagréable. Ils sont retirés.

Comment fait-on le vin blanc ?

Après la récolte, les grappes entières sont placées dans un pressoir pour obtenir le jus. C'est l'étape du pressurage direct.

Photo : Vignoble Marathonien

Au moment de la récolte, des levures se trouvent déjà sur la peau des raisins. Ce sont les levures indigènes ou naturelles. Il en existe des centaines. Chacune d'elles influence le goût du vin à sa façon.

Certaines ont été sélectionnées et multipliées en laboratoire. Les vignerons les achètent et les ajoutent à leurs moûts. Ceci permet de mieux contrôler la fermentation, mais aussi de choisir les levures en fonction du goût qu'on souhaite apporter au vin. Ils peuvent donc changer le goût de leur moût en cours de vinification. Vont-ils trop loin ? Avec la mode des vins dits bios ou nature, certains producteurs croient que oui. Ils sont donc de plus en plus nombreux à inscrire sur leurs bouteilles les levures utilisées. C'est pourquoi on aperçoit souvent la mention « levures indigènes » sur les étiquettes.

Cuves d'acier inoxydable dans le chai du vignoble Cortes de Cima au Portugal.

?

LA CHAPTALISATION
Si les raisins récoltés ne sont pas assez sucrés, par exemple à la suite d'un été froid, les vignerons peuvent ajouter des jus de raisin (moûts concentrés) afin d'augmenter la teneur en alcool de leurs vins. Cette technique se nomme la « chaptalisation ». Elle est très réglementée et interdite dans la production de certains types de vin.

Le jus obtenu est mis dans une cuve qui permet de laisser tomber les particules solides au fond. Les sédiments sont ensuite retirés. C'est l'étape du débourbage.

La fermentation peut alors commencer. Les levures, présentes sur la peau des raisins, ou celles ajoutées, transforment le sucre du jus en alcool. La fermentation dégage du gaz carbonique. Plus les raisins sont sucrés, plus le vin a la possibilité d'être chargé en alcool.

La fermentation, dans le cas des vins blancs, s'effectue surtout à basse température – soit autour de 15 degrés Celsius – dans des cuves en acier inoxydable dont la température est contrôlée. Cependant, certains blancs, comme les grands Bourgogne, sont vinifiés dans des fûts de chêne sans contrôle direct de la température.

Lorsque tout le sucre a été changé en alcool, la fermentation s'arrête. On peut aussi arrêter la fermentation plus tôt soit en refroidissant le liquide, soit en ajoutant de l'alcool (vins mutés) ou des sulfites. Le vin contiendra alors du sucre résiduel.

L'élevage en cuve inox ou en barrique (fût) de chêne, selon le type de vin souhaité, peut commencer. Tout au long de l'élevage, les levures mortes et les bactéries s'accumulent au fond du contenant. Elles forment la lie.

Si le vigneron ne souhaite pas garder la lie durant l'élevage, il procède au soutirage, en transférant le vin de contenant. Pour maximiser la clarification du vin, il peut aussi effectuer un collage. Pour ce faire, il existe une foule de produits qu'il faut ajouter à la cuve. Le plus populaire est sans doute une préparation à base d'argile appelée la bentonite. Les blancs d'œufs, le lait, la gélatine, la couenne de porc, la colle de poisson, et à une certaine époque le plasma sanguin animal, peuvent aussi être utilisés. Les sédiments présents dans le vin se collent

DES TRACES

Depuis août 2012, le Canada oblige la mention « ce vin contient du lait, du poisson ou des œufs » sur les étiquettes. Elle fait référence aux ingrédients utilisés lors du collage. N'ayez crainte, votre boisson préférée contient seulement des traces de ces aliments.

COLLAGE DES VINS ET DESSERTS

Que faisaient autrefois les vignerons avec tous les jaunes d'œufs inutilisés lors du collage ? Ils faisaient des desserts !

À Bordeaux, les fameux « cannelés » étaient produits avec les jaunes d'œufs récupérés après le collage des vins. Au Portugal, les desserts aux œufs étaient aussi produits par les moines avec ces « restants » d'œufs.

Au Portugal, depuis le 16e siècle, les desserts aux œufs (*doce de ovos*) ont été produits avec ces « restants » d'œufs.

à ces produits. Il suffit ensuite de retirer les solides. Certains vignerons contestent cette façon de faire, croyant que le collage enlève sur son passage certaines saveurs.

Le vigneron peut aussi conserver la lie dans la cuve lors de l'élevage. Il l'agitera plusieurs fois. Cette action se nomme le bâtonnage. Elle apporte généralement davantage d'arômes au vin (noisettes, fumée et parfois une texture plus grasse). En Bourgogne, il est bien connu que « la lie nourrit le vin ». Le producteur précisera que son vin a été élevé sur lie.

Que le vin ait été soutiré, collé ou élevé sur lie, avant de le mettre en bouteille, le vigneron procédera à la filtration qui consiste à retirer encore une fois tous les résidus solides dans le vin. La plupart des vignerons ajoutent aussi des sulfites pour stabiliser le vin. Il ne reste plus qu'à embouteiller et à vendre le vin.

Peut-on faire du blanc avec des raisins rouges ?

Oui. Puisque la peau des raisins n'est pas utilisée dans la production des blancs et que la pulpe de la majorité des raisins rouges est incolore, il est possible de l'utiliser pour produire du blanc ou de l'ajouter à un assemblage de raisins verts. Un exemple ? Le fameux champagne « Blanc de noirs » est produit avec des cépages rouges (pinot noir et pinot meunier). Pourtant, ce champagne est un vin blanc.

Comment fait-on le vin rouge ?

Une fois les raisins rouges récoltés, le vigneron choisit d'enlever ou de garder la partie boisée du raisin, la rafle. C'est l'étape de l'éraflage. Selon la variété de raisins, cette partie boisée donne un goût

LE DEGRÉ D'ALCOOL
Il y a moins de 10 ans, il était convenu que le vin contenait en moyenne 12 degrés d'alcool. Cette tendance évolue, car avec le réchauffement de la planète, les raisins mûrissent plus vite, ils sont plus sucrés et les vins sont donc plus chargés en alcool. Il est de plus en plus fréquent de voir des vins en contenant 15 degrés. De nombreux chercheurs tendent à isoler et à reproduire des levures qui transforment une plus grande quantité de sucre en un volume d'alcool moins élevé de manière à éviter les vins trop alcoolisés.

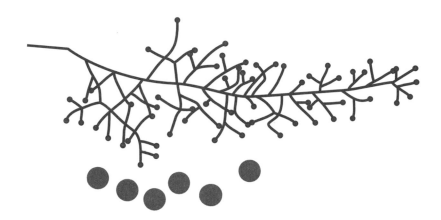

plus ou moins amer au jus. C'est pourquoi certains vignerons choisissent de ne pas l'inclure dans le processus de vinification. D'autres vignerons la conservent pour renforcer la structure tannique et ajouter de l'amertume au vin.

Les raisins sont ensuite pressés pour en extraire le jus. Mais attention, il ne faut pas écraser les pépins. Ceux-ci contiennent des tannins durs et des huiles amères qui sont moins agréables dans le vin. Cette étape s'appelle le foulage.

LE FOULAGE DU RAISIN

Je vous rassure : si votre rouge sent les « petits pieds » ce n'est pas à cause du foulage à l'ancienne, car presque tous les raisins du monde ne sont pas foulés au pied, mais plutôt dans un pressoir. Il existe cependant au Portugal quelques maisons de porto qui font encore appel à des groupes de personnes pour fouler leurs raisins. Ce type de foulage se déroule dans des bassins en pierre qui se nomment des « lagar ».

Au Québec, le Domaine du Ridge produit chaque année une cuvée de seyval blanc dont les raisins sont foulés avec les pieds. Amusant !

Dans un ancien « lagar » au Portugal. Le sommelier Philippe Lapeyrie, le producteur Domingos Soares Franco, Karyne et le chroniqueur Jean Aubry s'imaginent écraser des raisins.

? LA MACÉRATION CARBONIQUE

Afin de produire des vins rouges fruités et peu tanniques, comme le beaujolais nouveau, certains vignerons pratiquent « la macération carbonique ». Cette technique consiste à mettre les grappes entières dans une cuve avant le foulage. Cette cuve est ensuite fermée hermétiquement et remplie de gaz carbonique. La fermentation se déclenche alors à l'intérieur de chaque raisin et dégage des arômes très fruités. Ce procédé se nomme la fermentation « intracellulaire ». De l'oxygène est ensuite ajouté dans la cuve et la fermentation classique peut commencer.

Après le foulage, la cuve contient un mélange de jus et de peaux, appelé le moût. Celui-ci fermente à une température plus élevée, entre 25 et 32 degrés Celsius, quelques heures ou quelques jours selon le type de vin.

Les peaux des raisins qui contiennent les pigments de couleur sont laissées dans la cuve lors de la fermentation. C'est la macération. Certains raisins, comme le pinot noir et le gamay, donnent des vins de couleur moins intense. D'autres, comme le malbec et le cabernet sauvignon, engendrent des vins plus opaques.

Lors de la fermentation, les peaux des raisins flottent et s'accumulent dans le haut de la cuve. Elles forment le chapeau. Afin de les mettre de nouveau en contact avec un maximum de liquide, cette croûte épaisse est brisée mécaniquement ou avec les pieds. Cette opération s'appelle le « pigeage ».

Si un employé dévoué décide de briser le chapeau avec ses pieds, il lui faut être prudent ! Tomber dans la cuve est très dangereux puisque le liquide en fermentation peut l'asphyxier rapidement. Il existe aussi d'autres techniques comme le remontage et le délestage qui consistent à pomper le jus hors de la cuve et à le verser sur le chapeau pour le briser.

Le vigneron retire ensuite le liquide de la cuve. Ce premier vin s'appelle vin de goutte.

Les parties solides – le chapeau – sont ensuite pressées pour libérer davantage de jus. On obtient un deuxième vin plus concentré et plus tannique, nommé le vin de presse.

Ces deux vins sont assemblés selon les proportions souhaitées puis placés en barrique ou en cuve inox pour l'élevage.

Afin d'assouplir les tannins et d'apporter davantage de rondeur au vin, le vigneron peut effectuer une deuxième fermentation. Elle porte le nom de malolactique ou la « malo ».

La plupart des blancs ne sont pas soumis à cette deuxième fermentation car les vignerons souhaitent garder l'acide malique dans leurs blancs pour y apporter un côté frais, rafraîchissant et mordant. Il y a cependant des exceptions. Les blancs dans lesquels on trouve de l'onctuosité et du gras ont souvent fermenté une seconde fois. C'est le cas par exemple de ceux à base de chardonnay. Le chardonnay américain du Château Ste-Michelle, l'un des dix vins proposés en dégustation dans le présent livre, a d'ailleurs effectué sa malolactique.

Comme dans les vins blancs, les rouges sont collés et filtrés selon la volonté du vigneron. Le collage des rouges permet d'adoucir les tannins, mais cette opération peut aussi diminuer les saveurs du vin. Les sulfites sont enfin ajoutés afin que le vin demeure stable. Il ne reste plus qu'à embouteiller.

Nicolas Perrin, Vin de France
Syrah/Viognier,
Code SAQ : 12034507

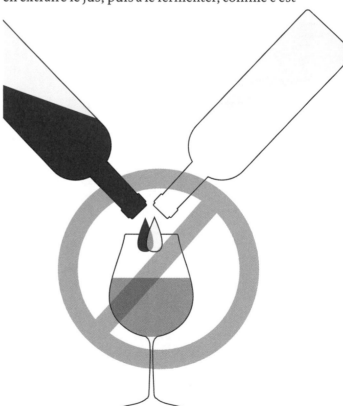

Peut-on faire du rouge avec des raisins verts ?

Non. Si la peau des raisins n'est pas rouge, le vin ne peut pas être rouge. Toutefois, il est possible d'ajouter des raisins verts dans un vin rouge. Un exemple ? Dans le Rhône, en particulier dans la prestigieuse appellation Côte-Rôtie, il n'est pas rare que les vignerons ajoutent un peu de viognier (blanc) à leurs rouges de syrah.

Comment fait-on le vin rosé ?

Il existe deux méthodes pour produire le vin rosé : le pressurage direct ou la saignée. Le pressurage direct consiste à presser les grappes de raisins rouges (entières ou sans la partie boisée) pour en extraire le jus, puis à le fermenter, comme c'est

?

ROSÉ : UN MÉLANGE DE BLANC ET DE ROUGE ?
Selon les règles européennes, il est interdit d'élaborer du rosé en mélangeant tout simplement du blanc et du rouge. Ce procédé est toutefois permis... en Champagne.
La plupart des vins effervescents rosés sont en effet produits à partir d'un assemblage de vins tranquilles des deux couleurs. Cette technique se nomme le coupage. La Champagne produit peu de bulles rosées (moins de 10 % de sa production) mais ces bouteilles sont en forte demande...

le cas pour les vins blancs. La couleur obtenue est souvent très pâle et le goût du vin est peu corsé. Ces cuvées portent parfois le nom de vins « gris ».

La méthode de la saignée s'inspire quant à elle de la vinification des rouges. Après avoir enlevé la rafle, les raisins sont éclatés et les peaux sont laissées en contact avec le jus. Plus les peaux de raisin restent longtemps dans le jus, plus le vin a de chances d'être foncé. Une fois la couleur souhaitée obtenue, on retire le liquide de la cuve et on le fermente. On peut choisir d'enlever seulement une partie du jus de la cuve pour en faire du rosé et de garder le reste du moût dans le contenant pour produire du rouge, d'où le nom « saignée ».

Les vignerons peuvent aussi utiliser les deux méthodes. Ils vinifient ainsi certains cépages selon le pressurage direct et d'autres selon la méthode de la saignée. Ils assemblent ensuite les liquides obtenus.

Comme pour les vins rouges ou blancs, le rosé est ensuite élevé en cuve inox (pour garder sa fraîcheur) ou en fût de chêne (pour ajouter de la complexité aromatique).

Le rosé, ce vin d'apéro par excellence, vin de piscine et de soleil est, contre toute attente, difficile à réussir. Pourquoi ? Parce que sa couleur évolue à plusieurs reprises lors de la vinification. Par exemple, la fermentation entraîne une diminution de l'intensité de la couleur. Il faut donc planifier ces changements dès le début de la production pour obtenir la teinte souhaitée. Il va sans dire qu'il est compliqué d'obtenir un rosé de couleur similaire d'une année à l'autre !

Il ne faut pas toujours se fier aux apparences ! Les rosés québécois sont souvent très foncés. Pourtant, rares sont les producteurs qui les élaborent selon

ROSÉS DE PROVENCE
La France est le premier producteur mondial de rosé. Près de la moitié de ces vins sont élaborés en Provence, dans le sud du pays. Ils sont reconnaissables par leur robe très pâle.

la technique de la saignée. Comment est-ce possible? La peau des raisins utilisés au Québec (voir Hybride, page 86) a la particularité de contenir beaucoup de matière colorante. Il suffit de la laisser quelques heures dans la cuve pour que le rosé soit… rouge. C'est pourquoi la plupart des rosés québécois sont vinifiés comme des blancs, même si leur couleur est foncée.

Pourquoi certains rosés ont-ils une teinte orangée?

Ils sont légèrement oxydés. Lorsque le rosé est en contact avec l'air au cours de la vinification, il prend une teinte orangée. Cette couleur ne signifie pas pour autant que le vin n'est pas bon. Toutefois, si le rosé est de couleur orange fluo, il n'est peut-être plus bon. Vérifiez!

Comment sont faits les vins sans alcool?

Torres Muscat Natureo,
Code SAQ : 11334794

Produire du vin sans alcool n'est pas simple. La méthode la plus efficace est la distillation ou l'évaporation sous vide. Pour ce faire, il faut choisir des vins riches en sucre et en alcool, le merlot par exemple. Le liquide est placé dans une cuve sous vide. Puisque l'alcool, ou l'éthanol, est l'élément le plus léger, il se loge dans le haut de la cuve. Il suffit alors de séparer le liquide devenu «sans alcool» de l'éthanol et le tour est joué.

MENTION
SANS ALCOOL
Pour obtenir la mention «sans alcool», un vin doit en contenir moins de 0,5 %. Ces cuvées contiennent donc des traces d'alcool qui se situent en moyenne autour de 0,2 %.

Existe-t-il de bons vins sans alcool?

Sans alcool, la texture du vin change. Il perd son côté moelleux et une bonne partie de ses arômes. Si ces cuvées n'ont pas bonne réputation, elles gagnent malgré tout en popularité partout dans le monde. Au Québec, leurs ventes ont explosé de plus de 90 % en 2012 et ont continué leur croissance de 40 % en 2013.

Les vins sans alcool élaborés avec les cépages plus aromatiques, comme le muscat, semblent donner de meilleurs résultats. Plusieurs producteurs renommés, comme la famille Torres en Espagne, élaborent de tels vins. Les résultats sont étonnants ! Le goût des vins sans alcool peut être décevant. Dans ce cas, ils constituent une excellente base à la préparation de cocktails comme la sangria sans alcool.

Est-ce que les vins d'épicerie sont élaborés de la même façon que les autres vins ?

Les vins d'épicerie sont vinifiés presque de la même façon que les autres vins. La grande différence est que les fruits utilisés proviennent souvent de plusieurs vignobles et parfois même, d'années de récoltes différentes. Ce sont des fruits achetés à un ou plusieurs vignerons, souvent à bon marché, que l'on appelle « vin en vrac ». C'est pourquoi on trouve rarement le millésime et la région exacte de la provenance des raisins sur ces bouteilles. Selon les règles de la Régie des alcools des courses et des jeux du Québec, il est interdit d'inscrire la mention du cépage sur les étiquettes de ces vins.

Sont-ils bons quand même ? Parfois oui, parfois non. Il arrive que les fruits utilisés soient délicieux et que les vins soient alors réussis. Cependant, puisque l'année de vendange ne peut être inscrite sur l'étiquette, il est difficile de savoir si les prochaines bouteilles seront aussi bonnes. Il arrive aussi que les vins d'épicerie soient franchement mauvais. Avouons-le, les vignerons ne vendent pas toujours leurs plus beaux raisins aux entreprises de vins en vrac. Ça se ressent inévitablement dans la bouteille.

Il faut dire aussi qu'au lieu d'être embouteillés au vignoble, ces vins sont mis en bouteille une fois arrivés près du lieu de commercialisation. Cela signifie qu'ils sont expédiés en vrac par bateau, et transportés dans des camions-citernes jusqu'au lieu d'embouteillage.

VIN DE GARAGE ?

Les vins « de garage » ne sont pas des vins produits par des mécaniciens, bien qu'ils soient parfois réalisés dans des garages. Cette expression qualifie des bouteilles produites avec très peu de moyens financiers, dans des locaux improvisés, par des gens qui ne possèdent pas de vignes et dont leurs vins se révèlent, en dégustation, exceptionnels.

L'expression « vin de garage » est née de l'histoire de Jean-Luc Thunevin, un négociant qui achetait des raisins à Bordeaux. Il a séduit, au début des années 90, l'expert en vin américain Robert Parker avec sa cuvée de Saint-Émilion vendue à bon prix. N'espérez plus, son Château Valandraud vaut, au moment d'écrire ces lignes, près de 400 $ la bouteille. Le domaine a d'ailleurs été classé « 1er grand cru » lors du dernier classement des vins de Saint-Émilion en 2012.

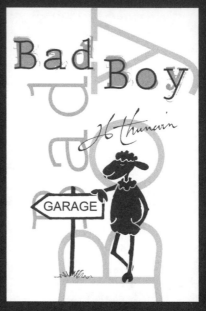

Thunevin Bad Boy,
Code SAQ : 11792947

La roche de Solutré dans le Mâconnais.

LES SULFITES

Qu'est-ce que les sulfites ?

Les sulfites sont des composés qui se retrouvent en petite quantité de façon naturelle dans le vin puisqu'ils sont produits lors de la fermentation. « Un vin sans sulfites, ça n'existe pas », résume le chercheur Jean-Michel Salmon de l'Institut national de la recherche agronomique (INRA) de Pech Rouge en France.

Les vins contiennent ainsi naturellement un minimum d'environ 10 milligrammes par litre (mg/l). Les sulfites sont aussi présents dans les aliments fermentés et dans certains polluants atmosphériques.

En alimentation, les sulfites sont ajoutés dans les produits à titre d'agents de conservation et comme anti-oxydants. Il y en a dans le vin, mais aussi dans les salades préparées, dans les jus de citron déjà pressés, dans les fruits séchés et dans les condiments.

Pourquoi ajoute-t-on des sulfites dans le vin ?

Les vignerons utilisent des sulfites pour stabiliser et fixer le vin. Ils veulent s'assurer que les levures et les bactéries que le liquide contient ne déclenchent pas une nouvelle fermentation lors du transport. Ils en ajoutent généralement quelques dizaines de milligrammes supplémentaires lors de l'embouteillage. Ces ajouts sont d'ailleurs soumis à certaines règles selon le type de vin produit.

SO2
Sulfite et soufre sont des synonymes. La différence ? Le dioxyde de soufre ou SO2 est appelé « sulfite » dans l'industrie alimentaire.

Au Québec, la société d'État contrôle la quantité de sulfites des vins vendus dans la province. Les nouveaux vins, ceux issus des dernières vendanges, doivent contenir un minimum de 10 mg/l. Tous les vins ne peuvent en contenir plus de 420 mg/l. À titre de comparaison, le maximum de sulfites autorisé dans les fruits séchés est de 2 500 mg/l.

Il existe aussi des vins sans sulfites ajoutés ou qui en contiennent très peu. Ces vins sont plus rares au Québec puisqu'ils supportent mal le transport et sont imprévisibles. Les vieux vins peuvent aussi en contenir moins, car les sulfites ajoutés lors de l'embouteillage se sont intégrés au liquide avec le temps.

Quels vins contiennent le plus de sulfites ?

Les vins sucrés sans aucun doute, comme les vins de glace et les vins passerillés. La grande quantité de sucre présente dans ces boissons peut entraîner une nouvelle fermentation en bouteille. C'est pourquoi les vignerons peuvent y ajouter parfois jusqu'à 300 mg/l de sulfites.

Les vins ensachés, mieux connus sous le nom de viniers ou *bag-in-a-box* (BIB), contiennent en général deux fois plus de sulfites que ceux en bouteille, car les sachets de plastique protègent moins efficacement le vin de l'oxydation que le verre.

Les rouges possèdent un puissant antioxydant naturel : les polyphénols contenus dans les tannins. Les blancs et les rosés ne contiennent pas, ou très peu, de tannins. Résultat : le vigneron doit ajouter davantage de sulfites pour les protéger.

Finalement, les vins vendus en épicerie contiennent davantage de sulfites afin d'effectuer le voyage en citernes. Des sulfites sont ajoutés de nouveau lors de l'embouteillage.

Retrouve-t-on des sulfites dans les vins bios ?

Oui. Selon les règles européennes, en vigueur depuis 2012, les sulfites sont autorisés dans les vins issus de l'agriculture biologique, mais en moins grande quantité que ceux issus de l'agriculture conventionnelle. Les règles de l'agriculture conventionnelle autorisent un maximum de 150 mg/l dans les rouges et 200 mg/l dans les blancs et les rosés. Quant aux vins bios, la limite autorisée dans les vins rouges secs est de 100 mg/l et de 150 mg/l pour les blancs et les rosés.

Les sulfites sont aussi autorisés dans les vins nature à raison de 30 mg/l pour les rouges et de 40 mg/l pour les blancs.

Est-ce que les sulfites donnent mal à la tête ?

Non. Les sulfites ne causent pas plus de maux de tête que les chats noirs portent malheur. Pour en être convaincu, mangez des fruits séchés, goûtez à du jus de citron préparé, à du ketchup ou à de la salade de chou du commerce. Si vous n'avez pas de maux de tête après avoir mangé un bol de dattes, d'abricots ou de raisins secs, vous n'êtes pas sensible aux sulfites. Vos petits inconforts sont peut-être davantage causés par la quantité d'alcool absorbée que par les sulfites.

Cependant, si les fruits séchés vous causent des rougeurs sur la peau, de l'enflure, de la difficulté à respirer, de la diarrhée et des maux de ventre, vous êtes l'une des rares personnes sensibles aux sulfites. Selon Santé Canada et les allergologues, les individus souffrant d'asthme sont plus à risque d'en être affectés.

Alors pourquoi plusieurs personnes ont-elles des maux de tête après avoir bu un tout petit peu de vin ? Les scientifiques croient que certaines seraient allergiques à une protéine présente sur la peau des raisins, la protéine de transfert des lipides (LPT). Elles seraient donc carrément allergiques… au vin !

D'autres recherches accusent des composés produits lors de la fermentation du vin : les amines biogènes. L'Institut français de la vigne et du vin (IFV) de Bourgogne avance que les maux de tête seraient causés par l'histamine, une molécule développée lors de la fermentation malolactique. La teneur du vin en amines biogènes est d'ailleurs de plus en plus contrôlée. Selon l'IFV, des importateurs néerlandais ont refusé l'achat de bouteilles contenant plus de 5 mg/l d'histamine.

L'ÉLEVAGE DU VIN

L'élevage du vin est une étape importante, car elle détermine son style. Elle s'effectue en cuve d'acier inoxydable, en cuve ciment, en cuve émail ou en fût de chêne.

Quels vins élève-t-on en cuve d'acier inoxydable ?

Ceux dont on souhaite garder le côté fruité, croquant et rafraîchissant. Contrairement au bois, la cuve inox ne modifie pas le goût du vin. Elle est neutre. Elle permet donc de conserver les caractéristiques aromatiques de chaque cépage.

De plus, cette cuve est hermétique. Ce qui veut dire que le vin ne s'y oxyde pas. Il conserve sa fraîcheur et ses arômes fruités.

Des exemples? Les vinho verde du Portugal, plusieurs chablis de Bourgogne, les sauvignons blancs, les rieslings ou encore les gewurztraminers d'Alsace sont des blancs élevés en cuve inox. En rouge, plusieurs gamays comme ceux du Beaujolais ou de la Loire sont élevés de cette façon. La majorité des blancs proposés en dégustation dans le présent livre, sauf le Château Ste-Michelle, le Chinon Expression ainsi que le rouge du domaine Thymiopoulos, ont été élevés en cuve inox.

Est-ce que les vins élevés en cuve d'acier inoxydable sont moins complexes ?

Oui. De façon générale, les arômes de ces vins sont moins complexes que ceux élevés en barrique de chêne. Cela ne signifie pas pour autant qu'ils sont moins bons.

LES CUVES
Les cuves de ciment et d'émail sont plus rares. Elles sont été supplantées par l'utilisation de cuves d'acier inoxydable qui permettent, en plus de garder les arômes de fruit et la fraîcheur du vin, de contrôler la température du liquide.

Pour rehausser la complexité des blancs, on l'a dit précédemment, le vigneron peut garder la lie dans la cuve. Pour ce qui est des rouges, le vigneron peut utiliser la technique de la micro-oxygénation, qui consiste à ajouter de petites quantités d'oxygène dans le vin, de manière progressive, pour arrondir les tannins. Le vigneron peut également ajouter des copeaux de bois ou des planches (douelles) dans la cuve pour changer le goût du vin. Cette dernière technique est surtout utilisée dans les vignobles du Nouveau Monde.

Quels vins sont élevés en fût de chêne ?

En particulier les vins rouges et les blancs plus costauds. Selon la durée de l'élevage et le type de bois utilisé, le fût aromatise le vin. C'est son plus grand avantage. Il apporte des notes grillés, épicées, de réglisse et de vanille.

Il y a une différence assez marquée entre le fût de chêne français et l'américain. Le chêne français est

FÛT D'ÉRABLE
Au Québec, certaines barriques ont été réalisées avec le bois local, l'érable. Les expériences n'ont pas toujours été concluantes. Comme l'explique le vinificateur Jean-Paul Martin, le bois utilisé en tonnellerie doit être étanche au liquide. Or, l'érable ne l'est pas.

Fûts de chêne dans la cave de la Reine Jeanne dans le Jura.

Élevage en fût de chêne des vins de Porto dans la cave de Ramos Pinto.

réputé pour la finesse de ses arômes et son goût vanillé. Il est le plus recherché et le plus cher.

Le chêne américain ne provient pas du même arbre que celui qui pousse en Europe, il s'appelle « le chêne blanc ». Ce chêne pousse plus rapidement, mais son grain est plus grossier. La manière dont ses douelles (les planches) sont coupées apporte un goût plus prononcé au vin. Il est reconnu pour ses arômes de noix de coco et de balsamique. Il est surtout utilisé dans les vignobles du Nouveau Monde et en Espagne.

Au-delà du goût qu'ils donnent au vin, leur prix est aussi très différent. Le fût de chêne français coûte plus cher que son pendant américain. Son prix oscille autour de 1000 $ l'unité. Les barriques de chêne américain sont plus abordables, elles coûtent

PIÈCE
En Bourgogne, le fût porte le nom de « pièce ».

souvent la moitié du prix d'une barrique française. Ces coûts influencent à leur tour les prix des vins produits. Cela explique pourquoi les vins élevés en barrique sont souvent plus chers que ceux en élevés en cuve inox.

Le chêne provenant du centre et de l'est de l'Europe, notamment de Hongrie, est de plus en plus populaire. Il existe aussi des vins élevés en bois de châtaignier et d'acacia.

Il faut savoir que contrairement à l'acier inoxydable, le fût n'est pas un contenant hermétique. L'air est donc en contact avec le liquide. L'air oxyde doucement le vin, change ses arômes et peaufine ses tannins.

Est-ce que le format du fût de chêne a un impact sur le goût du vin ?

Oui. Plus le fût est grand, moins il aromatise le vin. Le fût le plus commun se nomme la barrique. Elle contient entre 200 à 230 litres selon la région vinicole. Il existe aussi des fûts plus petits. Ils sont surtout utilisés pour l'élevage des vins sucrés. Enfin, certains vins sont élevés dans d'énormes fûts de 700 litres (et même parfois plus gros). Ce sont les foudres. Ils sont davantage utilisés pour assouplir les tannins que pour ajouter un goût boisé au vin. Le rouge Les jardins de Bagatelle, proposé en dégustation dans le présent livre, a été élevé dans des foudres durant au moins six mois.

Peut-on utiliser un fût de chêne plusieurs fois ?

Oui. La même barrique peut être utilisée pour l'élevage de plusieurs cuvées. Son impact sur le goût du vin diminue cependant avec le temps, car elle devient plus étanche avec l'usage. Chaque fût est utilisé en moyenne quatre fois.

Les vignerons utilisent souvent un mélange de barriques neuves et de barriques usagées pour l'élevage. Ils assemblent ensuite le contenu de tous les fûts avant d'embouteiller et de commercialiser le vin.

Si le vigneron utilise des fûts neufs, l'impact du bois sur le goût du vin sera plus marqué. Pourquoi ? Pour former la barrique, les planches (douelles) sont chauffées une première fois. Ensuite, le fût est chauffé pour fixer son assemblage et lui donner son goût grillé. Le fût neuf a davantage d'impact sur le goût du vin, puisqu'il sort directement de « la chauffe ».

Combien de temps le vin reste-t-il dans le fût ?

La durée de l'élevage en barrique est très variable selon le style du vin souhaité, selon la qualité du vin et selon l'âge du fût. Ce temps varie de six mois à deux ans en moyenne et il est souvent précisé sur la contre-étiquette du vin.

En Espagne, les vins sont d'ailleurs classés selon la durée de leur élevage en fût de chêne. La mention Joven indique que le vin a fait un court élevage en fût, ou pas du tout, tandis que Crianza, Reserva et Gran Reserva indiquent un élevage allant de 6 à 24 mois en fût.

Que signifie l'élevage en bouteille ?

Certains vignerons gardent les bouteilles quelques mois ou quelques années dans leur chai avant de les commercialiser. On parle alors d'élevage en bouteille. Les vins dont les bouteilles sont obturées avec un bouchon de liège continuent d'évoluer une fois embouteillés.

Les vignerons attendent ainsi que les saveurs et les arômes du vin soient plus équilibrés et plus matures avant de vendre leurs cuvées.

Par exemple : les vins sucrés Moulin Touchais dans la Loire sont vendus 10 ans après leur vendange. Ces bouteilles sont souvent plus dispendieuses, puisque le vigneron a fait le travail à votre place : soit de garder les vins dans sa cave jusqu'au bon moment pour les boire.

Qu'est-ce que le « ouillage » ?

Puisque le bois n'est pas hermétique, une partie du vin qu'il contient s'évapore durant l'élevage. Les vignerons ont donné un joli nom à cette évaporation : « la part des anges ». Pour éviter que le vin s'oxyde ou tombe malade, les fûts sont périodiquement remplis avec le contenu d'autres barriques. Cette pratique se nomme le « ouillage ».

Si les fûts ne sont pas ouillés, le vin s'oxyde prématurément. Il perd alors son côté fruité et développe des arômes de feuilles mortes. Ce n'est pas ce que l'on recherche chez un jeune vin ! Dans d'autres cas, en forte présence d'oxygène, les bactéries

L'EMBOUTEILLAGE
La bouteille de vin moderne existe depuis le 17e siècle, mais elle est largement utilisée depuis le 18e siècle. Pourtant l'embouteillage des vins au château pour son transport est récent. Il y a moins d'un siècle, les vins, même ceux des grands châteaux, voyageaient...en fûts ! Le prestigieux Château Mouton-Rothschild a été le premier domaine de Bordeaux à embouteiller son vin au château. C'était en 1924.

Le village de Château-Chalon dans le Jura est reconnu pour son vin jaune.

augmentent l'acide acétique et le vin risque de tourner... au vinaigre! C'est pourquoi les fûts sont remplis méticuleusement chaque semaine.

Les vins non ouillés sont rares. En France, un cépage résiste mieux à l'oxydation: le savagnin. Massivement planté dans les collines du Jura, près de la Suisse, le savagnin provient de la famille des « traminer », de laquelle fait partie le gewurztraminer. On lui donne parfois le vieux nom de « nature ».

Les vignerons jurassiens utilisent le savagnin pour produire le « vin jaune ».

Ce vin mythique, surtout produit sur l'appellation Château-Chalon, est élevé en fût non ouillé pendant six ans et trois mois. Durant cet élevage, le tiers du liquide s'évapore et il se forme à sa surface une épaisse couche de levures mortes appelée le « voile », qui le protège de la piqûre acétique. Le vin développe alors des arômes très intenses de noix et de curry aussi appelé « goût de jaune ».

Les vignerons du Jura produisent aussi des chardonnays non ouillés et des assemblages chardonnay-savagnin, nommés « Tradition ». Leur élevage est toutefois beaucoup plus

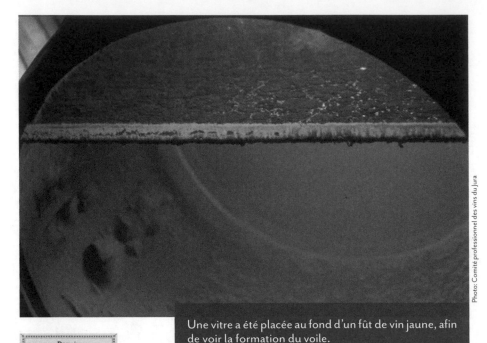

Une vitre a été placée au fond d'un fût de vin jaune, afin de voir la formation du voile.

Domaine Berthet-Bondet Tradition, code SAQ : 11794694

court que celui des vins jaunes, en général il dure de deux à trois ans.

Certains xérès d'Espagne sont aussi élevés sous voile, appelé dans cette région « la flor ».

À GOÛTER !
Pour goûter les arômes des vins jaunes sans dépenser une fortune, voici un assemblage de chardonnay et de savagnin très réussi. Accompagnez-le de poulet cuit dans la crème ou de fromages.

CLAVELIN
Le vin jaune est vendu dans une bouteille de 620 ml. Celle-ci porte le nom de « clavelin ».

LES VINS EFFERVESCENTS

Si en apparence tous les vins mousseux se ressemblent, ils ne sont pas tous élaborés de la même façon. Ils ont cependant un trait en commun : ce sont tous des vins de fête par excellence.

Comment fait-on un vin effervescent ?

Il existe plusieurs méthodes pour créer de l'effervescence dans le vin. La plus connue est sans doute celle utilisée en Champagne, appelée la « méthode traditionnelle ». Elle consiste à créer les bulles une fois le vin mis en bouteille. Pour ce faire, on ajoute au vin du sucre et des levures. Le gaz carbonique produit lors de cette nouvelle fermentation reste emprisonné dans la bouteille. Voilà les bulles !

L'autre technique est la méthode de la cuve close ou charmat. Elle consiste à créer l'effervescence dans une cuve. Le vin effervescent est ensuite embouteillé. Les proseccos d'Italie sont vinifiés de cette façon.

La méthode la plus ancienne s'appelle la « méthode ancestrale » ou la « fermentation spontanée ». Elle consiste à arrêter la fermentation du vin avant que toutes les levures aient transformé les sucres en alcool, puis d'embouteiller le liquide. De manière naturelle, la fermentation recommence en bouteille. Ainsi, les levures transforment le sucre en alcool et le gaz carbonique qui se dégage de cette action crée les bulles. Nul besoin d'ajouter quoi que ce soit. Cette méthode a été mise au point à Limoux dans le sud de la France. Elle est peu utilisée puisqu'elle est aléatoire et imprévisible.

?

MÉTHODE TRADITIONNELLE
Seuls les vins effervescents produits dans la région de Champagne en France peuvent porter le nom de champagne, et ce, même s'ils sont produits selon le même processus d'élaboration ailleurs dans le monde. C'est le cas des crémants en France, en Allemagne et au Luxembourg, les cavas d'Espagne, les franciacortas d'Italie et les mousseux de nombreuses maisons américaines.

Afin de protéger cette appellation, l'Europe a banni en 1994 l'expression « méthode champenoise ». Elle l'a remplacée par celle de « méthode traditionnelle ».

Il existe également d'autres procédés qui s'inspirent de ces trois méthodes (par transfert, russe ou dioise), mais ils sont moins populaires.

Peut-on produire un vin mousseux simplement en ajoutant du gaz carbonique ?

Oui. Ces mousseux portent la mention de « vin gazéifié ». Ils sont produits de la même manière que les boissons gazeuses. Ces vins ne possèdent toutefois pas les mêmes qualités aromatiques et gustatives que les autres vins effervescents. Ils ne peuvent non plus obtenir l'appellation d'origine protégée (AOP).

Est-ce que les termes « mousseux » et « pétillant » désignent les mêmes vins ?

Non. L'expression mousseux englobe les champagnes, les crémants et tous les types de vin effervescent produits selon la méthode traditionnelle ou charmat. La pression dans la bouteille est calculée en nombre de bars. Un bar équivaut à 105 pascals. La pression d'un mousseux doit être au moins de 3 bars.

Dans le cas d'un vin pétillant comme les « frizzente » d'Italie, les « frisante » du Portugal ou les « perlwein » d'Allemagne, l'effervescence est moins importante, se situant entre 1 et 2 bars. Les mousseux sont donc plus effervescents que les pétillants. À titre de comparaison, un vin dit perlant, comme les blancs de Vinho verde au Portugal, contiennent moins de 1 bar de pression.

Pourquoi dit-on que la méthode traditionnelle est la plus complexe ?

Cette méthode exige plus de temps et de manipulations que les autres.

Le vigneron doit d'abord produire un vin tranquille, autrement dit un vin sans bulles, et il l'embouteille. Avant de la fermer, il ajoute une liqueur dite «de tirage», qui contient entre autres du sucre et des levures. Il pose ensuite un bouchon provisoire, soit une capsule semblable à celle utilisée pour la bière.

Cet ajout entraîne une deuxième fermentation en bouteille appelée «la prise de mousse». Durant cette étape, les sucres sont transformés en alcool. Cela entraîne la création de gaz carbonique, donc de bulles, et d'un dépôt de levures mortes. Afin d'éliminer ce dépôt, les bouteilles sont inclinées progressivement vers le bas sur un pupitre, puis remuées sur elles-mêmes pour faire glisser les matières solides vers le col. Cette étape doit durer un minimum de quinze mois pour les champagnes, et au moins trois ans pour les champagnes millésimés.

Pupitre de champagne.

Photo: Wikimedia Commons

Une fois le dépôt accumulé dans le goulot de la bouteille, il faut s'en débarrasser. Le col est placé dans une solution très froide qui gèle les matières solides. La bouteille est ensuite ouverte et la pression qu'elle contient expulse le dépôt… et un peu de liquide.

Pour remplir de nouveau la bouteille, les Champenois ajoutent une liqueur d'expédition, soit un mélange de sucre de canne et de vin tranquille. La teneur en sucre de ce mélange est indiquée sur la bouteille.

Il existe des mousseux plus sucrés et d'autres plus secs. Voici un tableau pour s'y retrouver :

Brut nature	pas dosé / dosage zéro : moins de 3 grammes de sucre/ litre
Extra brut	entre 0 et 6 grammes de sucre/ litre
Brut	moins de 12 grammes de sucre/ litre
Extra dry	entre 12 et 17 grammes de sucre/ litre
Sec	entre 17 et 32 grammes de sucre/ litre
Demi-sec	entre 32 et 50 grammes de sucre/ litre
Doux	50 grammes de sucre/ litre ou plus

Source : Comité Champagne (CIVC)

Pourquoi la majorité des champagnes n'indiquent-ils pas l'année de la vendange sur leurs étiquettes ?

Parce que le champagne et plusieurs vins effervescents sont un mélange de vins issus de plusieurs récoltes. Cette façon de faire permet de recréer le goût du vin d'une année à l'autre. Puisque la Champagne est la région viticole la plus au nord de la France, cet assemblage de millésimes assure aux vignerons d'avoir toujours du vin de qualité même si la maturité des raisins n'est pas toujours optimale.

C'est pourquoi les vignerons champenois mettent du vin en réserve lors des années plus abondantes. Lorsqu'une année est moins réussie ou moins prospère, ils assemblent ses jus aux vins gardés en réserve. Ils créent ainsi un équilibre dans la quantité et dans la qualité des champagnes. Plus de 90 % des champagnes n'indiquent pas l'année de la récolte.

Est-ce que les champagnes millésimés sont meilleurs que les autres ?

En théorie oui. Les vignerons produisent un champagne millésimé lorsque les fruits de la récolte sont exceptionnels et qu'ils croient que ce vin sera meilleur que ceux issus des assemblages. Ces cuvées ont la réputation de se bonifier davantage avec l'âge que les autres mousseux. Les producteurs doivent d'ailleurs attendre au moins trois ans avant de les commercialiser. Ces raisons expliquent le coût plus élevé des champagnes millésimés, qui se vendent au moins 30 % plus cher que la cuvée non millésimée.

Pourquoi le champagne coûte-t-il si cher ?

Le coût élevé du champagne s'explique d'abord par sa technique de vinification complexe qui demande du temps (souvent plus de 18 mois d'élevage) et de nombreuses manipulations lors de la production (remuage et dégorgement).

Il y a aussi que le prix des raisins en Champagne est le plus élevé au monde. Les maisons champenoises déboursent ainsi des prix astronomiques pour leurs raisins. Elles dépensent de plus des sommes considérables pour publiciser leurs produits haut de gamme. Tous ces facteurs influencent le montant élevé de la facture des bouteilles.

Il faut dire que le nom « champagne » jouit d'une réputation prestigieuse. Il est associé aux grands

CHER, LE CHAMPAGNE
La plupart des maisons de Champagne commercialisent leurs bouteilles au même prix partout dans le monde. Les taxes et la majoration des vins plus importantes au Québec qu'aux États-Unis expliquent pourquoi les boissons alcoolisées et en particulier les champagnes, sont plus dispendieuses dans la province. C'est ainsi que le prix d'une bouteille de Veuve Clicquot carte jaune grimpe – au moment d'écrire ces lignes – à 71 $ à la Société des alcools du Québec (SAQ) tandis que la même bouteille se vend entre 35 $ et 45 $ aux États-Unis.

événements et à une certaine noblesse. Les maisons champenoises peuvent demander un prix très élevé pour leurs vins sans craindre d'être boudées des consommateurs. Cet exemple est vrai au Québec, où les prix des champagnes sont souvent plus élevés qu'aux États-Unis et où pourtant les ventes sont en croissance.

Ma bouteille de vin blanc semble contenir des bulles, pourtant elle n'est pas vendue comme un vin effervescent. Pourquoi ?

Certains producteurs gardent volontairement un peu de gaz carbonique, produit lors de la fermentation, puis l'ajoutent dans leurs vins pour donner de la fraîcheur et du mordant à leurs cuvées. Ces bulles subtiles disparaissent rapidement après l'ouverture de la bouteille. Ce sont des vins dits « perlants ».

Cette légère effervescence se retrouve dans les blancs portugais de la région de Vinho verde où les producteurs ajoutent un peu de gaz, et ainsi du croquant à leurs vins, avant d'embouteiller.

LES CRÉATEURS DU VIN EFFERVESCENT

Selon la croyance populaire, ce serait la Champagne et, plus précisément le religieux Pierre dom Perignon, qui aurait inventé les vins effervescents. Eh bien non ! L'apparition de bulles dans le vin est connue depuis plus d'un millénaire. Ce serait plutôt les moines de la ville de Limoux, dans le sud de la France, qui auraient été les premiers à maîtriser l'effervescence du vin au début du 16ᵉ siècle.

Quant aux premiers champagnes, le docteur anglais Christopher Merret a été le premier en 1662 à s'intéresser aux bulles dans ce qui allait devenir les plus grands effervescents du monde.

Quinta De Gomariz Loureiro 2012,
Code SAQ : 11895233

LES VINS SUCRÉS

Les vins sucrés ont un atout que peu de cuvées possèdent : ils traversent les âges avec brio. Leur secret ? Le sucre et l'acidité.

Il existe trois grandes familles de vins sucrés : les botrytisés, les passerillés et les vins de glace. Les premiers sont produits grâce à un champignon, les deuxièmes en séchant les raisins et les troisièmes grâce au froid.

Chaque technique utilisée pour concentrer le sucre du raisin apporte des nuances dans le goût du vin. Le botrytis laisse un goût plus épicé. Le passerillage apporte des notes de fruits cuits, tandis que les arômes du vin de glace rappellent toujours les fruits confits. Peu importe la méthode choisie, les notes d'abricot, de poire et de fruits exotiques sont toujours au rendez-vous dans les vins sucrés.

Photo : Château Guiraud.

Le botrytis s'installe sur cette grappe du Château Guiraud.

Qu'est-ce que la botrytisation ?

Un vin botrytis est produit grâce à un champignon du nom de *botrytis cinerea*, aussi nommé la « pourriture noble ». Les plus prestigieux vins botrytisés sont les sauternes élaborés dans la région de Bordeaux.

Le champignon botrytis se forme à l'automne sur la peau des raisins lorsque les conditions climatiques sont humides, assez chaudes et qu'il n'y a pas de pluie. Le champignon prend l'apparence d'une fine couche de pourriture grise. Contre toute attente, au lieu de laisser un goût de moisi aux raisins, il concentre les sucres et les arômes des fruits en éliminant l'eau qu'ils contiennent.

Les raisins séchés et flétris sont cueillis un à un à la main, afin de sélectionner ceux les plus affectés par le botrytis. Ils sont ensuite pressés très doucement pour en extraire le jus. Le moût obtenu est très sucré. C'est pourquoi la fermentation s'arrête avant que tout le sucre soit

Au Château d'Arlay, dans le Jura, une équipe installe les plus belles grappes de pinot noir et de chardonnay sur des grilles afin de les laisser sécher (passerillage).

transformé en alcool, au moment où il n'y a plus de levures actives.

Le vigneron peut aussi utiliser le froid ou des sulfites pour stopper la fermentation et éviter que le vin soit trop chargé en alcool. La cuvée est ensuite élevée plusieurs mois en barrique de chêne.

Si les conditions climatiques ne sont pas parfaites, ce n'est pas la pourriture noble qui s'installe sur la vigne, mais plutôt la pourriture grise.

Ces deux types de champignon sont liés au *botrytis cinerea*, mais ils ne donnent pas le même résultat dans la bouteille.

Dans le cas de la pourriture grise, elle se forme par temps chaud et humide à n'importe quel moment de l'année. Elle s'installe sur les feuilles, les fleurs, les tiges ou les raisins et elle nuit à leur développement.

Dans le cas de la pourriture noble, ce même champignon se développe au moment de la vendange et uniquement sur les raisins, et concentre le sucre dans les fruits. La brume matinale qui s'installe dans les vignobles à l'automne dans certaines régions favorise la propagation de ce champignon sur les baies.

Est-ce que les sauternes sont les seuls vins botrytisés ?

Non. À Bordeaux, les vins liquoreux produits sur les communes de Barsac, de Bommes, de Fargues et de Preignac sont aussi des vins botrytisés. Ils utilisent les raisins de sémillon, de sauvignon blanc ou gris et la muscadelle.

Le tokaji d'Hongrie est lui aussi produit grâce à ce champignon et ce, depuis fort longtemps… Ces vignerons utilisent cette méthode depuis près de 500 ans. Le cépage roi du tokaji est le furmint.

Les vignerons alsaciens récoltent aussi les raisins botrytisés. Leurs cuvées se nomment « sélection de grains nobles ». Cette technique existe aussi dans la Loire, plus précisément sur les Coteaux-du-Layon. Les vins de l'appellation Bonnezeaux sont considérés comme les « grands crus de vins botrytisés » de la Loire.

Qu'est-ce que le passerillage ?

Le passerillage implique que les grappes de raisins sont séchées pour concentrer le sucre. Il existe deux moyens de les sécher, soit sur souche (sur la vigne) ou soit hors souche (dans le chai).

Le passerillage « sur souche » consiste à laisser les grappes sur la vigne jusqu'à la fin de l'automne. Les raisins se déshydratent doucement au gré du vent et sous le soleil. Les grappes sont ensuite récoltées, triées et vinifiées. Cette technique est très populaire dans de nombreuses régions viticoles.

Le passerillage « hors souche » signifie que les raisins ne sèchent pas sur la vigne. Ils sont plutôt vendangés à l'automne et mis à sécher pendant plusieurs mois dans un endroit sec et bien aéré. Les grappes sont placées sur des claies (des grilles) ou suspendues. Les greniers ont longtemps été un lieu de choix pour entreposer les fruits.

Durant cette période, les raisins perdent plus du tiers de leur poids initial. Ils sont vinifiés, puis élevés en cuve inox ou en fût. Pour certains, l'élevage en barrique de chêne dure plus d'un an.

En Alsace et au Québec, les vins obtenus par passerillage sur souche portent le nom de « vendanges tardives ». En Allemagne, ces vins portent la mention « spätlese ». Les vignerons du Jurançon, dans le sud-ouest de la France, sont aussi réputés pour utiliser cette technique.

LE VIN DE PAILLE

Le vin de paille n'est pas produit avec de la paille ! Si ses raisins étaient autrefois entreposés sur de la paille dans des greniers, ils sont aujourd'hui déposés sur des petits grillages.

LE RIPASSO

Ripasso signifie « double fermentation ». Cette technique consiste à utiliser des peaux de raisins séchés déjà utilisés une première fois (comme celles des amarones) et de les ajouter à un nouveau vin en fermentation. Ce procédé ajoute de la complexité au vin, comme des notes de fruits confits, sans que celui-ci soit pour autant chargé en alcool et en sucre comme un amarone. La maison Masi a mis au point cette technique dans les années 60. On l'appelle aussi « Ripassa » ou « Paso doble ».

Le vin de paille du Jura, en France, est sans doute le plus connu des vins obtenus par passerillage hors souche. Le fameux amarone d'Italie et le recioto sont aussi des vins passerillés. Les producteurs du Rhône, en France, de Slovénie et même certains du Québec utilisent aussi cette technique.

Outre leur couleur, la différence entre l'amarone della Valpolicella et le vin de paille est qu'au lieu de garder du sucre résiduel comme dans les vins sucrés, les producteurs d'amarone poursuivent la fermentation de leurs raisins séchés afin que la majorité du sucre soit transformée en alcool. Ce vin rouge est toutefois rarement sec. Il doit contenir au minimum 14 degrés d'alcool et, à ce stade, un maximum de 12 grammes de sucre résiduel.

Qu'est-ce que le vin de glace ?

Comme son nom l'indique, ce vin est produit grâce au froid. Pour ce faire, les raisins sont laissés sur la vigne jusqu'en décembre ou en janvier, selon la région viticole. Avec le froid, les grappes gèlent, puis dégèlent à répétition. Ils se concentrent en sucre et leurs arômes évoluent. Les raisins changent ainsi de couleur pour prendre une teinte brunâtre.

Les grappes sont ensuite récoltées très tôt le matin, lorsque la température atteint -12 degrés Celsius. Elles sont ensuite pressées (à froid). Puisque l'eau contenue dans les raisins est gelée, la texture du jus qui est extrait ressemble à celle du miel. La quantité de moût obtenu équivaut à 10 % de celle des raisins pressés habituellement. Ce liquide subit enfin une lente fermentation.

Le vin de glace est originaire d'Allemagne où il porte le nom d'eiswein. Les Allemands ne sont plus les seuls à en produire. Les vignerons alsaciens et luxembourgeois ont aussi adopté cette

La mise en filet des raisins de glace au Québec

Photo : vignoble du Marathonien

technique. Au Canada, la pratique est en vogue dans les vignobles de la Colombie-Britannique, de l'Ontario, du Nouveau-Brunswick et du Québec depuis les années 1980.

Pour produire du vin de glace, il faut utiliser des raisins dont l'acidité ne chute pas lorsque la quantité de sucre augmente dans le fruit et de préférence des variétés dont les grappes restent accrochées à la vigne durant les périodes de gel. Les cépages phares de l'Allemagne comme le riesling et le gewurztraminer possèdent ces qualités. Les cuvées à base de riesling sont les plus réputées.

Au Canada, les vignerons utilisent plutôt le vidal. Il est considéré comme le roi du vin de glace canadien. D'autres vignerons sont plus audacieux. Ils produisent du vin de glace rouge avec du cabernet franc, du gamay et du frontenac. Le résultat est unique.

RAISINS CONGELÉS

Les Asiatiques sont friands de vins sucrés. Si bien que les vignerons chinois plantent massivement des vignes afin de produire leurs propres bouteilles de vin de glace. Certains experts craignent que, pour accélérer la production de ces cuvées, les Chinois congèlent artificiellement les raisins dans un congélateur. C'est pour cette raison que les pays de partout dans le monde tentent de réglementer cette industrie.

Pressage des raisins gelés.

Pourquoi dit-on qu'au Québec le vin de glace est produit différemment qu'ailleurs ?

À cause de l'importante quantité de neige reçue au Québec, plusieurs vignerons québécois ne laissent pas les grappes sur la vigne jusqu'en hiver. Ils récoltent plutôt leurs raisins après la tombée des feuilles de vigne à l'automne pour ensuite suspendre les fruits dans des filets au-dessus des vignes. Selon les vignerons québécois, cette façon de faire ne change en rien la qualité de leurs produits une fois mis en bouteille.

Ce n'est cependant pas l'avis de leurs confrères canadiens. Si bien que lorsque l'Agence canadienne d'inspection des aliments a annoncé en janvier 2012 qu'elle souhaitait réglementer le vin de glace produit au pays, un conflit a éclaté entre les vignerons. Ceux du reste du Canada ne souhaitent pas inclure la méthode de la mise en filet, utilisée au Québec, dans l'appellation vin de glace. C'est un dossier à suivre.

UN PRODUIT D'ABORD QUÉBÉCOIS

Le Québec a produit le premier cidre de glace. Christian Barthomeuf, propriétaire du Clos Saragnat dans les Cantons de l'Est, a eu l'idée de presser des pommes gelées restées sur l'arbre en hiver. Il a ainsi créé le premier cidre de glace... au monde !

Est-ce que tous les vins sucrés contiennent la même quantité de sucre ?

Non. Chaque produit, chaque appellation, possède sa propre réglementation. Par exemple, les sauternes doivent contenir un minimum de 45 grammes de sucre résiduel. Les vins de glace et ceux de vendanges tardives sont les plus sucrés. Ils peuvent contenir jusqu'à 200 grammes de sucre par litre.

CIDRE OU VIN DE GLACE
S'il vous arrive de confondre le cidre, fabriqué à partir de pommes gelées, et le vin de glace, vous n'êtes pas seul.

La maître de chai du célèbre Château Yquem à Bordeaux, Sandrine Garbay, s'est fait piéger. Lorsque des amis lui ont servi à l'aveugle un cidre de glace, la spécialiste des vins liquoreux n'avait aucune idée de ce qu'il y avait dans son verre.

Pourquoi ? Car ces deux produits de glace ont des saveurs similaires. Ceux à base de raisin, les vins de glace, ont souvent des arômes de pommes cuites que l'on retrouve toujours dans les cidres de glace.

Photo : vignoble du Marathonien

Collection de bouteilles de porto au bar Vinologia à Porto.

LES VINS MUTÉS

Ce ne sont pas des vins modifiés en laboratoire pour devenir des titans ! Ce sont des vins dans lesquels le vigneron a ajouté de l'alcool lors de la fermentation. La majorité des vignerons utilisent pour ce faire une eau-de-vie à base de raisin obtenue grâce à la distillation des peaux de raisin et des autres rejets viticoles.

Cette méthode, le mutage, a pour effet de tuer les levures présentes dans le vin et d'arrêter la fermentation. Les levures arrêtent ainsi leur travail avant que tous les sucres soient transformés en alcool. Résultat : une partie du sucre est conservée et le degré d'alcool est augmenté. Le plus connu des vins mutés ? Le porto !

LA NAISSANCE DU PORTO

C'est bien connu, les Français et les Anglais ont souvent été en guerre. En 1667, la Grande-Bretagne a d'ailleurs interdit l'importation des vins français en raison de conflits diplomatiques avec l'Hexagone. Ces représailles n'ont certainement pas aidé les négociations... En 1669, la guerre a éclaté entre les deux pays. L'Angleterre a alors prolongé son interdiction d'importation de vins français pendant sept ans!

Les Anglais, qui ne produisent pas de vin, devaient donc acheter leurs bouteilles ailleurs. C'est pourquoi ils se sont tournés vers le Portugal, pays avec lequel ils faisaient déjà de nombreux échanges commerciaux. Plusieurs familles se sont d'ailleurs installées dans ce pays pour faciliter la production et la commercialisation des vins. Ce n'est donc pas un hasard si de nombreux domaines portent des noms anglais : Graham's, Taylor's, Sandeman. Seul problème, les vins portugais étaient souvent imbuvables une fois arrivés de l'autre côté de La Manche. Car au cours du voyage, la fermentation reprenait. Coup de génie, en 1727, on a ajouté de l'alcool pur dans les vins, tuant ainsi toutes les levures. Le porto était né! Qui a eu cette idée? C'est encore un mystère!

Seuls les vins mutés produits dans la vallée du Douro au Portugal peuvent utiliser ce nom. Avant d'être mis en marché, chaque porto est soumis à une batterie de tests par l'Institut des vins du Douro. Par des dégustations à l'aveugle et l'évaluation en laboratoire, l'organisme s'assure que chaque cuvée (oui, oui, chaque vin de chaque maison) répond aux standards de qualité du pays.

Le mutage est aussi utilisé dans le sud de la France (Rivesaltes, Maury, Banyuls), dans le sud de l'Espagne avec les xérès et aussi en Sicile, où est produit le marsala.

Ces vins, souvent dégustés avec le dessert, se gardent plusieurs jours ou semaines dans le frigo sans qu'il y ait de réel impact sur leur goût.

Comment les portos sont-ils classés ?

Ils sont classés selon leur type d'élevage, soit en bouteille ou en fût. Les portos vieillis en bouteille sont les ruby, les vintage et les late bottle vintage (LVB). Leur robe est plus foncée et ces vins sont réputés pour leur bonification avec l'âge. Les tawnies et les colheitas sont vieillis en fût. Ils sont reconnaissables par leur robe de couleur ambrée.

Les types de porto :

CEUX VIEILLIS EN BOUTEILLE :

- **Ruby :** assemblage de jeunes vins issus de différentes années de récoltes. La bouteille n'est donc pas millésimée. Fruité et offert à bon prix, c'est un vin à consommer jeune.
- **Vintage :** fait à partir des plus beaux raisins d'une seule année de vendange. Il est ensuite élevé deux ans en fût de chêne. Les vintages sont les portos les plus recherchés des connaisseurs, car ils sont produits seulement lors des années exceptionnelles. De plus, leur potentiel de garde est presque infini. Le premier vintage remonte à 1756.
- **Late bottle vintage :** produit avec les raisins d'une même année de récolte. Ils sont cependant embouteillés plus tardivement, soit après quatre à six années d'élevage en fût. Leur potentiel de vieillissement en bouteille est ainsi réduit.

CEUX VIEILLIS EN FÛT DE CHÊNE :

- **Tawny :** porto de couleur orange, signe de l'oxydation. Ce vin est élevé près de cinq ans en fût. Il est un mélange de plusieurs récoltes. On trouve aussi des tawnies 10, 20, 30 ans et plus de 40 ans d'âge. Cette mention n'indique pas la moyenne d'âge des millésimes utilisés dans l'assemblage, mais représente plutôt les caractéristiques aromatiques de la boisson.
- **Colheita :** tawny issu d'une seule année de récolte, puis vieilli au minimum sept ans en fût. Colheita signifie en portugais « vendange ». Ces portos représentent seulement 1 % de la production.

Est-ce que les vins mutés peuvent être blancs ou rosés ?

Oui. Il existe des vins mutés blancs, comme les rivesaltes et les portos blancs, et aussi des rosés fortifiés. Les portos blancs sont souvent secs et s'apparentent au xérès de type fino espagnol. Dans le cas des vins mutés rosés, ils sont consommés surtout en cocktail avec du soda ou en sangria.

Quelle est la différence entre le xérès espagnol et le porto ?

Comme les portos, les xérès sont des vins qui ont été mutés avec de l'alcool. Ils sont produits à Jerez dans le sud-ouest de l'Espagne. L'élevage de ces vins espagnols est cependant très différent de ceux du Portugal. Les Espagnols utilisent la technique de solera, un procédé qui permet de mélanger des jeunes et des vieux xérès. Pour ce faire, les fûts sont empilés les uns sur les autres, du plus ancien (au sol), au plus récent (au sommet). Ils sont ensuite transvasés au fur et à mesure que le liquide est soutiré des derniers fûts.

Dans cette bouteille de xérès, le plus vieux fût de la Solera date de 1847, comme l'indique l'étiquette.

La date inscrite sur ces cuvées indique l'année du plus ancien fût utilisé dans ce mélange. Plus la solera contient de millésimes différents, plus le vin est complexe.

Photo : Marc André Gagnon

Vins de Banyuls dans le Roussillon en France laissés au soleil.

finos, dont la flor est morte au court de l'élevage, s'appellent les amontillados. Leurs arômes de noix sont encore plus soutenus. Ces vins secs se dégustent à l'apéro ou avec le repas pour accompagner des poissons, par exemple.

Il existe une autre famille de xérès, les olorosos. Ces xérès sont les plus prestigieux et les plus recherchés. Ils contiennent plus d'alcool, autour de 17 degrés. Les Espagnols n'ouillent toujours pas ces barriques, mais le taux d'alcool est si élevé que la flor ne survit pas.

Il n'y a pas seulement l'élaboration de ce vin muté qui démarque cette boisson des autres. Son cépage aussi. Le raisin fétiche du xérès est le palomino. Ce raisin blanc se trouve aussi au Portugal sous le nom de listao, et en France sous le pseudonyme de listan. Les Espagnols utilisent également un peu de muscat et de pedro ximénez afin de produire des xérès sucrés dont le goût et la texture ressemblent davantage à des portos.

Qu'est-ce qu'un xérès fino ?

C'est un vin muté sec qui contient autour de 15 degrés d'alcool. Durant l'élevage en barrique, le fino n'est pas ouillé (voir page 142), ce qui fait qu'une pellicule de levures se forme au-dessus du liquide. Les vins sont donc élevés sous voile, comme le vin jaune du Jura. Cette pellicule de levures se nomme la « flor ». Elle permet au vin de s'oxyder plus doucement et le protège de la piqûre acétique. Le vin développe alors des arômes de levures et de noix. Les plus vieux

Qu'est-ce que la manzanilla ?

C'est un xérès produit près de la ville de Sanlúcar De Barrameda en Espagne. Il est élaboré de la même façon et il est classé selon les mêmes principes (finos, amontillados ou osoloros) que les xérès. Seule l'appellation change.

Qu'est-ce que les vins madérisés ?

Ces vins sont produits à Madère sur une île portugaise au large des côtes du Maroc. Ce sont des vins mutés, comme les portos, qui sont ensuite chauffés pendant plusieurs semaines. Cette technique permet de concentrer davantage le liquide et ses arômes. Les vins sont chauffés soit dans des cuves spéciales dans les chais ou naturellement à l'extérieur par le soleil. Les vins de Banyuls en France utilisent aussi cette technique.

Vignes près des Pyrénées dans le sud de la France, dans l'appellation Irouléguy.

LES DÉFAUTS DU VIN

Avec les récentes avancées œnologiques, les vignerons possèdent les outils et les références nécessaires pour produire des vins de qualité. Malgré tout, il existe encore de mauvais vins, ou plutôt, des cuvées avec des défauts. Certains de ces défauts sont facilement identifiables. Les odeurs de vinaigre, d'œufs pourris ou de crottin de cheval ne laissent aucun dégustateur indifférent. D'autres défauts sont plus subtils, comme la réduction. Est-ce que ces vins doivent être jetés dans l'évier ou peuvent-ils être rescapés? Voici la réponse.

Ça sent le vinaigre !

Le vin souffre peut-être de la piqûre acétique. Si c'est le cas, il n'est plus bon! Comment a-t-il été piqué? Lorsque le vin est élevé en fût, une quantité de liquide s'évapore. Afin de minimiser le contact entre l'air et le liquide, les fûts sont remplis chaque semaine. Ils sont ouillés (voir page 142). Pour différentes raisons, par exemple si le ouillage n'a pas été fait correctement, les bactéries contenues dans le vin peuvent augmenter l'apport en acide acétique. Cet acide est responsable de l'odeur et du goût de vinaigre. C'est le même phénomène que lorsque vous oubliez une bouteille de vin ouverte plusieurs jours sur votre comptoir. Après un certain temps… il tourne au vinaigre!

UN DÉFAUT > UN REMÈDE

- Dans le cas de la piqûre acétique. Le vin n'est plus bon. Vous devez le jeter.
- Si vous souhaitez conserver une bouteille qui n'est pas terminée, rebouchez-la et mettez-la au frigo. Vous éviterez que le vin tourne au vinaigre.

Qu'est-ce que l'acidité volatile?

Il n'est pas rare d'entendre les experts dire que le vin contient beaucoup d'acidité volatile. Que sentent-ils? Des odeurs de colle, de savon ou de vernis à ongles. Ce défaut est causé par l'acide acétique et l'acétate d'éthyle présentes à petites doses dans tous les vins. Toutefois, les raisins qui contiennent de la pourriture acide ou certaines levures oxydatives entraînent une hausse de l'acidité volatile du vin. Cette acidité peut également augmenter lors de la deuxième fermentation du vin, la malolectique.

UN DÉFAUT > UN REMÈDE

Avec un peu d'aération, ces odeurs de colle et de savon peuvent s'atténuer… ou pas. Faites le test.

Ça sent les œufs pourris !

Vous venez de détecter la présence des fameux sulfites. Tous les vins contiennent des sulfites. Les dégustateurs les remarquent pourtant très rarement. À trop forte dose, les sulfites dégagent des odeurs d'œufs pourris ou celle d'une allumette brûlée.

UN DÉFAUT > UN REMÈDE

Les sulfites s'intègrent au vin et s'évaporent avec le temps. Un bon coup de carafe (encore elle !) et le tour est joué.

Ça sent le crottin de cheval !

Oui, vous avez bien lu. Certains vins sentent mauvais, vraiment très mauvais. La cause de ces odeurs de ferme, de cheval, de chien mouillé ou de fromage, aussi appelées les odeurs phénolées, est une levure portant le nom de brettanomyces. Cette levure se développe parfois dans le vin à la suite d'une mauvaise hygiène des fûts, d'un manque de sulfites ou encore de l'utilisation d'outils préalablement contaminés. Et quand un chai est infecté par la brett… il est difficile de s'en débarrasser.

Les brettanomyces se détectent en laboratoire par la présence de la molécule 4- éthyl-phénol. En dégustation, le vin sent surtout l'écurie, selon différentes concentrations et puissances. Elles se retrouvent davantage dans les vins du sud de la France et dans les vignobles d'Amérique du Sud.

Attention. Il ne faut pas confondre les odeurs animales détectées dans les vieux vins et la brett. Les odeurs détectées dans les vieux vins ne sont pas, en général, un défaut. Elles sont plutôt signe de l'évolution du vin.

UN DÉFAUT > UN REMÈDE

N'allez pas croire que les vins atteints de la brett sont tous mauvais. Certains dégustateurs aiment ces odeurs. Ils les qualifient même de fondamentales, à petites doses, dans le nez du vin. C'est donc une question de goût.

Ça goûte le lait !

Lors de la deuxième fermentation alcoolique, l'acide malique du vin est transformé en acide lactique. Si le vigneron ne surveille pas adéquatement cette étape, le liquide peut développer des goûts de petit lait, de yogourt ou des notes aigres. Certaines bactéries peuvent aussi en être la cause. Ce défaut se retrouve rarement dans votre verre, car le vigneron le découvre dans ses cuves, avant d'embouteiller son vin.

UN DÉFAUT > UN REMÈDE

Jetez le vin. Il n'est plus bon.

Ça sent la poussière !

Enfermés dans une bouteille, certains vins manquent d'oxygène. Les odeurs de poussière, d'humidité ou encore de soufre sont alors plus évidentes que celles de fruits. Les experts appellent ce défaut la réduction.

UN DÉFAUT > UN REMÈDE

Ne jetez pas votre vin. Un bref passage en carafe règle souvent le problème.

Ça sent le torchon mouillé !

Le coupable? L'essuyeur de vaisselle. Si votre verre à vin a séché à l'envers sur un torchon mouillé ou qu'il a été essuyé avec un linge humide, il se peut qu'il garde une odeur d'humidité. Inévitablement, le liquide qui y est versé sent lui aussi mauvais.

UN DÉFAUT > UN REMÈDE

Transférez rapidement le vin dans un autre verre. Si le nouveau verre est propre et inodore, il se peut que le liquide exprime enfin ses arômes. Pour éviter les odeurs de torchon mouillé, essuyez toujours vos verres avec un torchon sec et propre et évitez de les laisser sécher sur un linge. Si possible, suspendez les verres pour les faire sécher. Pour éviter les résidus de savon, ne les placez pas au lave-vaisselle et rincez-les à grande eau avant de les faire sécher.

Qu'est-ce qu'un vin bouchonné ?

Si le vin sent le moisi, le champignon, le liège et la poussière, il est peut-être bouchonné. Ce défaut est causé par le 2,4,6-trichloroanisole, mieux connu sous le nom de TCA. Cette molécule est présente dans certains lièges et elle est parfois accentuée par les désinfectants à base de chlore longtemps utilisés pour le nettoyage du liège.

Le TCA contamine le liège, mais aussi les fûts utilisés pour l'élevage et le bois présent dans le chai. Dès que le vin est en contact avec cette molécule, il est infecté et irrécupérable.

L'intensité des odeurs liées au TCA varie d'une bouteille à l'autre. S'il est clair au nez que certains

PETITS TRUCS
Trop gênant de sentir son verre vide chez sa belle-mère ? Pas de problème. Il suffit d'aviner son verre, ou sa carafe. Pour ce faire, il faut verser l'équivalent d'une cuillérée à soupe de vin dans son verre, puis de jeter le liquide. Pour aviner plusieurs verres, transférez le liquide d'un verre à l'autre.

Cette opération permet d'enlever les odeurs de poussière ou de linge mouillé qui auraient pu se retrouver dans le contenant. Si vous ne voulez pas gaspiller une goutte de votre grand cru pour aviner votre verre, utilisez le vin servi à l'apéritif, surtout s'il n'est pas trop aromatique.

Arbre liège dans l'Alentejo au Portugal.

vins sont bouchonnés, pour d'autres, il est nécessaire de le goûter pour en être convaincu. Que goûte un vin bouchonné ? Pas grand-chose. Le vin est fade. Son côté fruité est discret et parfois, les notes de champignons et de moisi sont présentes.

UN DÉFAUT > UN REMÈDE
Le vin n'est pas bon, mais ne le jetez pas. La SAQ rembourse les vins bouchonnés sur une période d'un an après leur achat. Il échange aussi tous les vieux vins bouchonnés. Pourquoi ? Car ils étaient déjà malades au moment où vous les avez achetés en succursale.

Doit-on sentir le bouchon pour savoir si le vin est bouchonné ?

Vous avez le choix de la réponse, car deux écoles de pensée s'affrontent à ce sujet. Certains experts croient que le miroir du bouchon – le bout qui a été en contact avec le vin – doit être humé afin de savoir si le vin est bouchonné. Si des odeurs de moisi se trouvent sur cette surface, il y a de fortes chances que le vin soit malade. D'autres spécialistes pensent cependant que cet examen olfactif n'est pas suffisant pour déterminer si la bouteille est bouchonnée. Un bouchon de liège sent toujours… le liège. Dans le doute, il faut se servir un verre et goûter !

Est-ce qu'un vin dans une bouteille fermée avec une capsule à vis peut être bouchonné ?

Oui. Une poutre de bois présente dans le chai peut être atteinte par le TCA et contaminer le vin. Si ce scénario est possible, il est rare. Le vigneron détectera certainement sa cuve infectée avant de mettre son contenu en bouteille.

POURQUOI LE LIÈGE
Le liège est imperméable, malléable et permet un léger échange entre l'air et le vin. On l'utilise dans l'industrie du vin depuis le 17e siècle.

Le liège provient de la variété de chêne *Quercus suber* que l'on trouve surtout au Portugal, lequel produit plus de 70 % du liège vendu dans le monde.

Est-ce qu'un champagne peut être bouchonné ?

Oui. Les mousseux n'échappent pas au TCA. Cependant, les champagnes sont vendus à prix si élevé que les vignerons disent redoubler de vigilance et s'assurer avec beaucoup de minutie que leurs bouchons ne sont pas malades avant de les poser sur leurs bouteilles. Ils utilisent aussi des bouchons qui contiennent seulement une fine couche de liège. Ainsi, ils réduisent les probabilités que les champagnes soient malades.

Est-ce qu'un porto peut être bouchonné ?

Bien sûr. Les bouchons utilisés pour les vins mutés contiennent aussi du liège. Ils ne sont donc pas à l'abri du TCA… même si le liège provient du pays où ils sont fabriqués, le Portugal.

Quel est le pourcentage des vins qui sont bouchonnés ?

Les experts calculent qu'entre 2 et 5 % des vins obturés avec du liège sont contaminés par le TCA. Le fabricant de bouchon de liège Diam avance que jusqu'à 12 % des bouchons pourraient être contaminés. Pour les vignerons, ce problème représente un véritable cauchemar.

Certains vignobles, comme le prestigieux Domaine Jacques Prieur en Bourgogne, vérifient chaque bouchon avant qu'il entre en contact avec le liquide. Pour effectuer ce travail de moine, l'œnologue du domaine, Nadine Gublin, dépose une petite quantité de bouchons neufs à la fois dans un récipient d'eau… puis elle goûte l'eau. Si le liquide goûte le bouchon, le moisi ou le champignon, tout le contenu du bocal est jeté. Si l'eau reste inodore et sans goût, les bouchons sont séchés, puis posés sur les bouteilles.

Des solutions de rechange pour le bouchon de liège

Plusieurs entreprises cherchent l'alternative miracle au liège. La compagnie Diam utilise du liège aggloméré et elle a mis au point un procédé de nettoyage du liège qui n'utilise non pas des solvants, mais plutôt du gaz carbonique. Ses bouchons sont adoptés par de nombreux vignerons aux quatre coins de la planète.

La capsule à vis, le bouchon de verre (Vino-lok) et le bouchon synthétique de plastique tentent aussi de prendre des parts de marché au liège. Mais ces solutions ne sont pas parfaites. Les deux premières sont efficaces, mais souvent jugées trop hermétiques. Quant au bouchon de plastique, il transmet parfois des goûts de plastique indésirables et il est moins étanche que les autres. C'est pourquoi il n'est pas utilisé pour les vins de garde.

Le concepteur italien Guala Seal a mis au point un autre bouchon synthétique avec lequel l'oxygénation du vin semble plus facile à contrôler. Le plus grand défaut de ce bouchon, comme pour tous les autres que ceux en liège, demeure toutefois un problème de perception. Plusieurs personnes croient qu'il est plus prestigieux de sortir le limonadier pour retirer le bouchon avec délicatesse que de déboucher une bouteille « capsule à vis » d'un simple mouvement de doigts.

LE PARFAIT BOUCHON
Après avoir terminé vos bouteilles de porto, conservez le bouchon. Il est idéal pour reboucher une bouteille entamée.

Vignes à l'automne à la Quinta dos Roques dans le Daõ au Portugal.

SECTION 4

À table !

~

À quoi ça sert d'apprendre la dégustation ? À apprécier le vin ! Et pour plus de plaisir, il faut le boire en mangeant et s'entourer d'amis. Parce que le vin, ça se partage. Voici des trucs pratiques pour profiter pleinement de vos bouteilles à la maison.

Vous pourrez épater les amis facilement, en :

- leur servant les vins en carafe. En plus de peaufiner le vin et de le rendre plus agréable, la carafe permet de déjouer les amis « buveurs d'étiquette » et même les experts ;

- parlant du vin que vous servez. Raconter l'histoire du domaine et du nom de la cuvée demande un peu de préparation, mais cela apporte toujours de la magie autour de la table ;

- rapportant des vins de voyage pour les partager avec eux. Ouvrir un vin acheté dans une autre région ou un autre pays rappelle de beaux souvenirs à celui qui le sert, et le récit de la visite chez le vigneron fascine toujours ceux qui l'écoutent.

METTRE LE VIN EN CARAFE

Photo : Patrick Woodbury

Il y a souvent confusion entre « verser en carafe » et « décanter ». Ces deux actions sont pourtant bien différentes. Mettre en carafe signifie « aérer le vin ». Décanter veut plutôt dire « séparer le liquide du solide ». Si la première est simple à réaliser, la deuxième exige quelques précisions. Les voici.

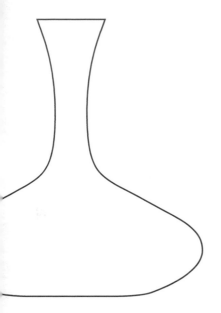

Doit-on mettre les vieux vins dans une grande carafe ?

Non. Verser un vin en carafe à fond plat, c'est lui donner un billet pour les montagnes russes. Emprisonné depuis quelques mois ou quelques années dans une bouteille, il prend subitement une grande bouffée d'air. Amèneriez-vous votre grand-mère âgée dans les montagnes russes ? J'imagine que non. Si les jeunes vins gagnent à être aérés dans de grands contenants, les vieux vins doivent être manipulés avec beaucoup de soin. Ce tour de manège pourrait lui être fatal.

Pourquoi décanter un vieux vin ?

Après plusieurs années à l'horizontale dans une cave, les dépôts du vin forment une croûte sur une des faces intérieures de la bouteille. Ces résidus sont des reliques des tannins et de la couleur qui se sont dégradés. Si ces particules solides sont mélangées au reste du liquide, le vin ressemble à de la « soupe ». Pour éviter de servir ce mélange épais et granuleux, il est préférable de redresser la bouteille à la verticale une journée ou deux avant de l'ouvrir. Le dépôt descend alors au fond de la bouteille et le service du vin est plus facile.

Vous êtes pressé ? Vous devez alors sortir l'artillerie lourde : il faut décanter.

Comment décanter un vieux vin ?

Munissez-vous d'une carafe étroite du style « bec de canard » (ci-contre) pour que le contact avec l'air ne soit pas trop intense lorsque le vin sera versé. Vous n'en avez pas ? Cherchez dans vos armoires un vase très étroit et propre.

Placez-vous dans un endroit éclairé ou allumez une chandelle pour ne pas briser l'ambiance de la soirée. Très délicatement, versez le contenu de la bouteille et arrêtez immédiatement lorsque vous apercevez le dépôt près du goulot.

La décantation peut aussi être pratiquée sur les jeunes vins. Certains vignerons filtrent peu leurs cuvées avant de les embouteiller, ce qui a pour effet de laisser des matières solides dans la bouteille. Ces jeunes vins peuvent être versés dans une carafe à fond plat, afin de les oxygéner, une fois le dépôt enlevé.

Doit-on décanter le porto ?

Inutile de sortir la chandelle, les allumettes et la petite carafe chaque fois que votre beau-frère débarque avec une bouteille de porto. Vérifiez d'abord si la bouteille est millésimée « vintage ». Ce type de porto est davantage susceptible d'avoir un

LES ESSENTIELS
Le monde du vin n'échappe pas à la surconsommation. Les boutiques spécialisées proposent une multitude d'objets liés au plaisir de la table dont certains sont plus utiles que les autres.

Voici les trois essentiels du bon dégustateur :
- **un limonadier (tire-bouchon)** ;
- **des verres** ;
- **une carafe.**

dépôt, puisqu'il a vieilli en bouteille. C'est d'autant plus vrai si cette bouteille est âgée de plusieurs décennies. Si c'est le cas, il est préférable de décanter. En revanche pour un tawny, un jeune late bottle vintage ou un ruby, il suffit d'ouvrir et de servir.

Les portos « vintage » se conservent-ils quelques jours après l'ouverture de la bouteille ?

Oui. Certains disent que les vintages doivent être bus dans la même journée qu'ils ont été débouchés. C'est faux. Il est vrai que ce type de porto est plus fragile que les autres, mais il résiste sans aucun mal à quelques jours dans votre frigo. Pour ce faire, refermez la bouteille ou versez son contenu dans un plus petit format.

Doit-on mettre le champagne en carafe ?

Non. Quelques rares maisons champenoises suggèrent de passer en carafe leurs cuvées d'exception. Notez toutefois que ce séjour au grand air pourrait tuer leur effervescence. Si les bulles du mousseux sont trop agressives, il suffit de le servir dans un plus grand verre ou d'attendre quelques minutes avant de le boire pour régler le problème.

Est-ce que les aérateurs à vin sont utiles ?

Depuis 2008, les aérateurs à vin sont de plus en plus en demande dans les boutiques spécialisées le temps des Fêtes venu. Vendus à bon prix, ils sont le cadeau d'hôtesse par excellence. En valent-ils vraiment la peine ?

Oui et non. Les aérateurs sont efficaces pour donner une bouffée d'air rapide à vos vins. En plus, ils sont beaucoup plus simples à nettoyer que les carafes. Pratique ! Ce n'est cependant pas l'instrument idéal

Si vous voulez décrire l'action d'ouvrir une bouteille de bulles avec un sabre, utilisez le mot « sabrer ». Car l'expression « sabler le champagne » n'a pas la même signification. L'expert Guénaël Revel précise dans son guide *Champagne et autres bulles* que ce terme a longtemps été utilisé pour qualifier l'action de boire d'une seule gorgée son verre de vin. Alors, vous sabrez ou vous sablez ?

pour aérer adéquatement et doucement tous les vins, en particulier les rouges plus tanniques qui nécessitent beaucoup d'air et du temps. Pour ces cuvées, il est préférable de sortir la carafe ou de passer deux ou trois fois le même vin dans l'aérateur.

Mon conseil : ne dépensez pas une fortune pour un aérateur (ou autre gadget de vin). Gardez plutôt vos sous pour acheter de bonnes bouteilles.

SABRER LE CHAMPAGNE

Rien de tel pour impressionner les invités que de sabrer une bouteille de bulles. Tout le monde retient son souffle (y compris vous) et une fois la manœuvre réussie, les spectateurs applaudissent sans retenue. Avouons-le, l'opération est néanmoins intimidante. Lorsque mes amis me demandent de sabrer une bouteille, je m'exécute toujours avec plaisir… et un peu de nervosité.

L'INVENTION DU SABRAGE

On dit que ce sont les soldats prussiens à l'époque de Napoléon qui, impatients d'ouvrir leurs bouteilles de champagne, les auraient décapitées d'un coup de sabre. C'est pourquoi les puristes utilisent les sabres de type « Briquet » – soit la même gamme que ceux utilisés par les soldats de la Garde Impériale – pour sabrer leurs bouteilles.

Sabrer un mousseux et un champagne avec un sabre dans le temps des fêtes, c'est magique !

Nul besoin d'être un expert pour réussir son sabrage. Il suffit de connaître la technique. La voici en cinq étapes :

1re ÉTAPE : enlevez l'emballage qui recouvre le bouchon et le col de la bouteille, puis le muselet (le petit grillage).

2e ÉTAPE : en tenant le bouchon, trouvez la « veine » de la bouteille. Ce joint vertical indique l'endroit où le verre a été fermé.

3e ÉTAPE : couchez la bouteille dans la paume de votre main en plaçant la veine face à vous.

4e ÉTAPE : prenez votre sabre* ou une lame épaisse et déposez-le à plat au milieu de la bouteille, le côté tranchant vers vous. Ce détail est hyper important. Vous ne voulez pas « couper » le bouchon ni abîmer votre lame. Vous voulez cogner délicatement à l'endroit le plus faible de la bouteille.

5e ÉTAPE : d'un geste ferme, la lame à plat ou très légèrement inclinée sur la bouteille, glissez le sabre le long de la veine, en commençant du fond de la bouteille vers le goulot. Pas besoin d'utiliser toute la force de vos muscles. La lame doit toucher la bague, soit l'ourlet près du bouchon et puisque c'est l'endroit le plus fragile, pop, ça saute !

Ça n'a pas fonctionné ? Pas de panique. Respirez, puis recommencez deux ou trois fois s'il le faut !

La pression contenue dans une bouteille de champagne est équivalente à celle d'un pneu d'un autobus à deux planchers. Il suffit de cogner au bon endroit pour que la pression exercée par le bouchon, et surtout la faiblesse du verre, expulse la bague de verre, le bouchon et un peu de liquide sur plusieurs mètres.

Le sabre est un objet magnifique qui ajoute beaucoup de magie à la cérémonie du sabrage. Est-il essentiel ? Non. La lame épaisse d'un couteau de cuisine fait l'affaire.

!

Il vaut mieux aviser tous vos invités lorsque vous ouvrez une bouteille de champagne. Car en plus du spectacle, la pression contenue dans une bouteille de champagne est si forte que son bouchon est propulsé à une vitesse équivalente à 50 km/h ! Assurez-vous qu'aucune personne ne se trouve dans sa trajectoire.

C'est pourquoi il vaut mieux effectuer la manœuvre à l'extérieur et demander à un invité de tendre son verre pour récupérer le liquide. Une fois tout le monde servi, la chasse au bouchon dans la cour peut commencer. Si le sabrage est réussi, le verre est coupé de façon nette. Aucun éclat de verre ne devrait se retrouver dans la bouteille.

On peut sabrer n'importe quel vin mousseux. L'opération réussira même avec une bouteille de cidre mousseux. Cela étant dit, restez prudents et assurez-vous que personne ne se trouve sur la trajectoire du bouchon. Rien de plus triste qu'une soirée qui se termine dans la salle d'attente de l'urgence!

LES ACCORDS

Vous passez peut-être des heures à vous demander quoi servir avec votre repas du soir. Les accords mets et vins ne sont pourtant pas si compliqués. Il suffit de connaître quelques trucs de base. Voici les miens!

Qu'est-ce qu'un accord mets et vin parfait?

Mettons une chose au clair: les accords mets et vins ne sont pas une science exacte. Un accord réussi est un accord qui vous plaît. Tout simplement! Si vous aimez votre poisson avec un rouge très tannique, ne vous empêchez surtout pas de les accorder même si les spécialistes vous le déconseillent. Le but ultime est votre plaisir.

LE ROSÉ À TABLE
On boit rarement du rosé avec le repas. On a plutôt tendance à le servir à l'apéro, sur la terrasse ou sur le bord de la piscine. On le sert encore moins pendant les mois d'hiver.

On peut pourtant créer des accords tout aussi complexes avec les rosés et surtout, ils ajoutent du soleil à tout coup à vos plats d'hiver.

Servez vos rosés plus corsés avec les grillades ou les plats de porc. Ceux plus légers seront parfaits avec les poissons, les paellas ou les fromages. Il suffit d'oser.

Tous les ingrédients réunis pour préparer une caponata. Avec ce plat italien, on sert un... vin italien !

Le sommelier québécois François Chartier a trouvé un moyen révolutionnaire de réussir ses accords : il marie les aliments et les vins qui ont le même profil aromatique. Un exemple ? Il accompagne ses vins de sauvignon blanc avec du basilic, du fenouil et de l'anis. Ces aliments ont tous un goût anisé en commun, ce qui crée « une forte synergie aromatique », dit-il. Il a d'ailleurs écrit de nombreux livres à ce sujet, dont le fameux ouvrage *Papilles et molécules* publié aux Éditions La Presse.

En manque d'inspiration ? Il existe des trucs plus simples et faciles à retenir pour marier les plats et les vins. Cette section n'a pas la prétention d'être un guide exhaustif d'accords. Ce sont mes conseils, simples, pour vous guider.

MES TRUCS ACCORDS METS ET VINS

De quelle origine est votre plat ?

La plupart des régions viticoles produisent des vins qui se marient à merveille avec leur cuisine locale. Si vous savez d'où provient la recette de votre plat, vous savez quoi boire. Des exemples ? Le fromage de chèvre et le sancerre de la Loire. Les malbecs argentins et les grillades sur le barbecue, mode de cuisson utilisé en Argentine sous le nom d'« asado ». Les pâtes à la sauce tomate et les vins italiens à base de sangiovese. Les blancs suisses et la fondue au fromage. Les huîtres et les blancs produits en bord de mer : muscadets de Loire, assyrtikos de Grèce. Ainsi de suite… Ce truc est simple à mettre en pratique et il fonctionne à tout coup.

De quelle couleur est votre plat ?

Loin d'être une science exacte, la couleur du principal aliment dans votre assiette vous guide vers la meilleure couleur de vin choisir. Les poissons, le poulet, les œufs, des aliments de couleur pâle appellent les vins blancs. Les viandes rouges, de couleur plus foncée, appellent les rouges. Ce n'est pas sorcier.

Dans quel type de contenant le vin a-t-il été élevé ?

Les blancs élevés en cuve inox, souvent légers, fruités et croquants, sont parfaits pour accompagner les fruits de mer, les poissons crus et les salades. Quant aux rouges élevés dans ces mêmes contenants, fruités et légers, ils sont délicieux à l'apéro avec les charcuteries, servis avec les viandes blanches et rosées, ou encore avec les sandwichs à la viande.

Si le vin a été vinifié en barrique de chêne, buvez-le avec des plats plus relevés. Servez les blancs, plus ronds et plus goûteux, avec les sauces à la crème, les poissons et le poulet grillés. Quant aux rouges, les vins très tanniques se marient à merveille avec les viandes très saignantes ou celles dont le côté grillé est prononcé.

Ce même concept s'applique aux rosés et aux mousseux. Les plats légers pour les vins en cuve inox. Les plats plus relevés pour ceux élevés en fût. Facile!

Un plat, des vins

Vous ne connaissez pas vos préférences ? Vous ne savez pas d'où provient la blanquette de veau ? Votre plat est de couleur pâle, mais vous n'aimez pas les vins blancs ? Pas de panique. Des dizaines de vins peuvent accompagner le même plat. Il suffit de faire vos propres essais.

MES SUGGESTIONS METS ET VINS

Quand on planifie le repas, on se demande souvent « quoi boire » avec le plat servi. En un coup d'œil, voici mes idées pour accompagner la majorité de vos plats ou encore à l'apéro.

Agneau

C'est simple : un rouge à base de syrah. François Chartier vous le dira, c'est l'accord « aromatiquement » parfait ! Surtout, si vous y ajoutez des olives noires et du thym. Les rouges du Rhône nord et ceux du Nouveau Monde appelés shiraz sont au menu. D'autres idées ? Choisissez des rouges capiteux à base de cabernet sauvignon, de tempranillo et de malbec, ou encore les rouges de la Côte de Beaune en Bourgogne.

Apéritif

Des vins qui donnent soif et qui désaltèrent ! On évite les vins sucrés, les rouges tanniques ou très boisés qui saturent les papilles en début de repas. Pour vous mettre en appétit, privilégiez les blancs acidulés, les rouges légers, les rosés et les bulles.

Bœuf

Si le bœuf est mijoté et qu'il est servi avec une sauce, les tempranillos d'Espagne, les syrah du Rhône, les vieux bordeaux ou les nebbiolos du Piémont sont de service. Il faut un rouge goûteux, mais pas trop tannique.

Si la viande est grillée sur le barbecue, les rouges plus costauds comme les cabernets sauvignons, les malbecs, les shiraz d'Australie, les touriga nacional et les monastrell feront l'affaire.

Vous préparez des hamburgers ? Pas de soucis. Les zinfandels californiens donneront le ton à votre soirée.

Vous osez servir votre bœuf en tartare ? Difficile de faire un accord car on ajoute une foule d'ingrédients pour rehausser le goût peu prononcé de la viande crue. En plus, le goût vinaigré et les câpres faussent souvent la note. Ce n'est pas le moment de sortir vos vins trop relevés. Optez

Photo : Patrick Woodbury

plutôt pour un gamay ou un zweigelt d'Autriche. Le zweigelt donne souvent des vins fruités et légers semblables aux gamays.

Canard

Le paradis du canard est sans aucun doute le sud-ouest de la France. Cela étant dit, les rouges du Languedoc, du Roussillon ou de Cahors, des vins généralement corsés à base de syrah, de grenache, de carignan ou de côt (malbec) apporteront vos canards au septième ciel ! Si vous l'accompagnez d'une marmelade à l'orange ou d'une sauce crémeuse, un blanc sec du Jurançon, un blanc fruité d'Alsace ou un chardonnay de Bourgogne pourraient tout autant rendre le souper mémorable.

Côtes levées sauce barbecue

« Chérie, sors les rouges du Nouveau Monde ! », me demande mon roi du barbecue privé. Il faut que le vin soit aussi goûteux, épicé et solide que la sauce. C'est pourquoi les cabernets sauvignons d'Afrique du Sud, les shiraz d'Australie, certains merlots et malbecs d'Argentine sont parfaits.

Dinde de Noël et sauce aux canneberges

Tout dépend de la farce. Avec la dinde cuite au four, les blancs riches comme les chardonnays du Nouveau Monde et les viogniers sont tout indiqués. Si vous ajoutez de la viande et des canneberges à votre farce, troquez les blancs pour des rouges. Choisissez des rouges pas trop corsés et faites-vous plaisir, c'est jour de fête après tout ! Les vieux bordeaux ou les barolos, les crus du Beaujolais, les appassimentos d'Italie (ces vins produits avec des raisins séchés quelques semaines) les ripassos ou encore les pinots noirs sont d'excellents choix.

Fondue chinoise

Les gamays du Beaujolais sont parfaits pour accompagner ce plat rassembleur et sans prétention. Si les sauces servies en accompagnement sont plus relevées, optez pour des rouges du sud de la France à base de grenache ou de syrah.

Fromages

Des rouges, vous dites ? La réponse est presque toujours non. Choquant ? Il est vrai qu'en photos, les plateaux de fromages sont toujours accompagnés de vins rouges. Si cet accord fonctionne bien en images, sur les papilles, c'est moins évident. Les produits laitiers et les tannins ont tendance à ne pas faire bon ménage. La solution ? Les vins blancs. Et ce mariage n'a rien de platonique. Essayez les vins du Jura, en particulier ceux à base de savagnin, les jurançons secs à base de petit manseng et de gros manseng ou pourquoi pas un blanc du Québec. Vous serez surpris !

Quant aux rouges, les ripassos et les amarones italiens ou encore, les vins mutés, moins tanniques et plus

sucrés, iront de pair avec les fromages au goût prononcé.

Fruits de mer

Si les crevettes ou les pétoncles sont servis crus, en ceviche, sortez les blancs légers élevés en cuve inox comme les verdejos, les alvarinhos, les chablis de Bourgogne et les sauvignons blancs. Si vous les apprêtez plutôt en brochettes cuites sur le gril, recherchez des vins élevés en barrique où le côté fumé est facile à détecter : viuras, chardonnays, pinots griggios ou viogniers.

Quant aux homards et aux crabes, profitez de la courte saison de pêche pour les accompagner de belles bouteilles de riesling, de grüner-veltliner ou de blancs de la Côte de Beaune en Bourgogne.

Huîtres

Qui dit huîtres crues dit muscadet de la Loire ou chablis (ceux élevés en cuve inox). Ce sont des choix judicieux, mais classiques. Les blancs du Portugal à base d'alvarinho ou ceux d'Espagne produits avec le même cépage, mais sous un autre pseudonyme (albariño), élevés en cuve inox, les assyrtikos de Grèce, les picpouls de Pinet du sud de la France ou encore les vidals (secs) du Québec font aussi des miracles. L'important, c'est que le vin ne soit pas trop parfumé, qu'il soit sec et qu'il possède une bonne acidité. À ce propos, les sauvignons blancs peuvent être un très bon choix si leurs arômes herbacés ne sont pas trop prononcés.

Et avec les huîtres chaudes ? Un mousseux à base de chardonnay, assurément ! Sans bulles, les blancs de vermentino du sud de la France, les vermentinu de Corse ou d'Italie sont délicieux.

Mets asiatiques

Les mets épicés et sucrés s'accordent à merveille avec les vins parfumés et légèrement sucrés. Dans ce registre, vous avez l'embarras du choix : les gewurztraminers d'Alsace, les assemblages de vidal et de seyval blanc du Québec, les rieslings, les muscats et les pinots griggios sont d'excellents choix. Les rosés secs, les rouges légers et les mousseux sont aussi de mise.

Mets indiens

Il n'y a pas que la bière qui accompagne à merveille les plats épicés de la cuisine indienne, les vins blancs du Jura sont des choix exceptionnels. Les chardonnays et les savagnins de cette région possèdent souvent des notes de noix en bouche qui se marient à merveille avec les sauces au curry. L'essayer, c'est l'adopter !

Pizza (voir Spaghetti aux tomates ou pizza)

Poissons

Les poissons blancs sont faciles à marier. Puisque le goût de leur chair est souvent délicat, établissez votre accord en fonction de la garniture. Les blancs légers iront de pair avec les poissons cuits dans la poêle ou au four servis avec du jus de citron et des herbes fraîches. Les blancs de Savoie en France, dont ceux à base de jacquère, sont souvent surprenants avec les poissons. Les blancs plus boisés et riches iront de pair avec les poissons en sauce.

Envie de rouge? Poisson et vin rouge ne sont pas impossibles à marier, bien que la chair des poissons rende souvent les tannins désagréables en bouche. Pour réussir cet accord dans votre assiette, choisissez des rouges peu tanniques comme certains pinots noirs et gamays, et ajoutez des champignons en accompagnement. Quant au saumon, les blancs plus goûteux comme ceux à base de riesling ou de chardonnay feront le travail. Et pourquoi pas un rosé sec ?

Porc

Le goût moins prononcé du porc, en comparaison avec celui du bœuf, fait appel à des vins rouges moins corsés. En brochettes ou en filets sur le barbecue, les gamays de la Loire ou du Beaujolais, les rouges à base de pinot noir et les zweigelt d'Autriche sont tout indiqués. Votre porc est plus épicé et plus grillé? Augmentez la structure tannique du vin: cabernet franc, nero d'avola, merlot ou zinfandel.

Si vous le servez laqué avec des pommes, des oignons ou du sirop d'érable, un blanc riche comme certains chardonnays de la Bourgogne ou du Nouveau Monde, les blancs à

base de marsanne ou de roussanne, ou encore un cidre du Québec changeront la routine.

À l'heure du brunch ou en sandwich, amusez-vous à marier le jambon rose avec du rosé : version tranquille ou avec des bulles. Succès garanti !

Poulet barbecue

Ricardo Larrivée m'a raconté en entrevue qu'il adore servir du champagne avec du poulet rôti. «Il est tombé sur la tête», ai-je songé. Après avoir moi-même commandé du poulet barbecue et sabré une bouteille de bulles, je dois avouer qu'il a raison ! Le côté grillé de la peau du poulet se marie à merveille avec les blancs élevés sous bois et ceux qui possèdent des notes grillées. Ce n'est pas tout. Le côté festif du mousseux ajoute de plus de l'ambiance autour de ce repas sans prétention. J'adore !

Vous ne voulez pas de bulles ? Les pinots gris, les aligotés et les chardonnays sont aussi d'excellents choix.

Côté rouge, allez-y modérément avec les tannins. Les pinots noirs, les gamays, les barberas et les nero d'avola sont de bons choix.

Salades

Vinaigrette et vin font rarement bon ménage à table. Si votre plat principal est une salade César au poulet ou une autre salade avec des légumes, ce n'est pas le temps de sortir vos grands crus ! Allez-y avec des vins légers, acidulés et simples. Les blancs à base de sauvignon sont délicieux avec les salades vertes dans lesquelles on ajoute une touche de basilic frais ou de la coriandre nappées de jus de citron. Les rosés secs peuvent aussi faire l'affaire.

Soupes

Restez bien assis : je ne vous propose «rien». La soupe et les potages étant liquides, le vin servi en accompagnement passe souvent inaperçu. Pour cette raison, servez avec les soupes un grand verre d'eau (plate ou pétillante) et réservez les meilleurs vins pour le plat principal.

Vous insistez ? D'accord. Avec les soupes repas, du style soupe asiatique, optez pour les blancs contenant un peu de sucre résiduel. Les rieslings et les gewurztraminers d'Alsace, d'Allemagne ou de l'État de Washington feront l'affaire. Pour les soupes à base de viande ou les soupes à l'oignon gratinées, choisissez un rouge léger comme un gamay du Beaujolais. Quant à la « garbure », une soupe traditionnelle du sud-ouest de la France à base de chou et de canard, les rouges assez corsés à base de malbec ou de syrah sont tout indiqués en accompagnement.

Avec les soupes d'automne à base de courge musquée, les blancs liquoreux (comme les vendanges tardives ou les jurançons) font un malheur.

Spaghetti aux tomates ou pizza

Avec ces deux classiques de la cuisine italienne, les rouges italiens sont de service. Les chianti, les valpolicellas et les barberas, par exemple, sont parfaits. Pour sortir des sentiers battus, débouchez une bouteille de lacrima di Morro dans le sud de l'Italie ou encore un nero d'avola de Sicile. Envie d'autres choses ? Pourquoi pas un pinot noir californien ou un cabernet franc de la Loire ?

Veau

Le veau s'adapte bien aux blancs corsés comme aux rouges. Le choix du vin dépend surtout de votre préparation. Si vous le servez avec de la crème, les chardonnays boisés et crémeux, les viogniers, les blancs secs de Bordeaux et les chenins blancs sont au sommet de la liste. Si le veau est plutôt apprêté comme un filet de porc, sortez les rouges plus légers comme les pinots noirs, les gamays ou même les cabernets francs de la Loire.

Quant au fameux osso bucco, vous connaissez désormais la règle : recette italienne, vin italien ! Les rouges moyennement corsés, en particulier ceux du nord de l'Italie comme les chianti ou les barberas, sont tout indiqués.

Viandes sauvages

Votre beau-frère va à la chasse cet automne ? Remerciez-le pour sa bavette de chevreuil avec un vin qui a de la gueule ! Les grands bordeaux de la rive gauche, du Médoc par exemple, les barolos, les amarones ou les meilleures shiraz australiennes feront le travail.

Peut-on boire du rouge après avoir mangé des fromages ou un dessert fromagé ?

Bien entendu. Pour faciliter la transition, nettoyez-vous le palais avec de l'eau, du pain ou du vin blanc, puis servez votre vin rouge. Lors des premières gorgées, le vin rouge sera peut-être moins délicieux qu'à l'habitude, mais rapidement, ses tannins seront moins agressants sur vos papilles.

Doit-on servir les vins sucrés avec les desserts ?

C'est possible, mais il faut tenir compte d'une règle : le vin doit être plus sucré que le dessert. Si vous voulez que vos invités se sentent bien après ce dernier service, optez pour des desserts légers comme des salades de fruits ou des tartes aux fruits acidulés (abricots, pêches). Ces plaisirs sucrés iront à merveille avec un muscat de Rivesaltes, un vin de glace ou un sauternes.

Est-ce que les vins sucrés peuvent accompagner d'autres mets que le foie gras, les fromages et les desserts ?

Oui. Vous pouvez servir votre bouteille de Sélection de grains nobles d'Alsace reçue en cadeau ou encore votre bouteille de tokaji avec le plat principal. Osé ? Certes, mais souvent délicieux. Pour le prouver, cinq crus classés de Sauternes et de Barsac, à Bordeaux, ont organisé un concours en 2009 avec des chefs québécois. Ces derniers devaient préparer un plat principal en accord avec ces vins sucrés. Le gagnant, le chef Alexandre Gosselin, avait concocté du lapin farci au foie gras et aux abricots, accompagné d'une marmelade aux champignons. Ça vous inspire ?

Quoi boire quand on est végétarien ?

Sans viande à votre menu, êtes-vous condamné à ne boire que du vin blanc ? Pas du tout. Pour ajouter des rouges sur votre table, grillez vos légumes ou votre tofu sur le barbecue ou ajoutez de l'huile

APPORTEZ VOTRE VIN
Pour simplifier le travail des serveurs quand vous apportez vote vin au resto et pour rapporter le vin facilement à la maison, choisissez des bouteilles avec des capsules à vis.

?

**VÉGÉTARIENS,
LES VINS ?**

Tous les vins ne sont pas
« végétariens ». Certains
contiennent des traces
de produit animal, car
les vignerons peuvent
utiliser des protéines
animales comme les
œufs, les poissons ou
du gras animal pour
clarifier leurs vins. Selon
Santé Canada, ces
protéines animales sont
totalement éliminées
lors de la filtration du
liquide avant sa mise
en bouteille. Soyez
rassuré, si jamais votre
vin contient des œufs, la
loi oblige le vigneron à
l'inscrire sur sa bouteille.
Vous pouvez donc boire
la conscience tranquille !

de sésame grillé à vos préparations. Le côté grillé
et fumé des aliments accompagne à merveille les
rouges moyennement corsés et élevés en barrique.
Les pinots noirs, les barberas, les primitivos, les
nero d'avola, les chianti et les zinfandels sont alors
de service.

Ajoutez des champignons ou des noix grillées à vos
salades, à vos pâtes et à vos risottos pour ouvrir
grande votre porte aux nebbiolos, aux ploussards
du Jura (aussi appelés poulsards) et aux xinomavros
de Grèce. Pas mal pour un plat végétarien !

Quels vins utiliser en cuisine ?

Lorsque la viande est déglacée avec du vin ou
lorsque le rouge est ajouté dans la préparation, une
grande partie des arômes s'envolent durant la cuisson. Il ne faut pas conclure qu'il faut utiliser de la
piquette, car les saveurs restent.

Pour obtenir un bon résultat, utilisez le même vin
que celui que vous servirez au cours du repas. Si
cette bouteille est dispendieuse, cherchez un vin
moins cher, mais produit dans la même région et

CAPSULE DÉGUSTATION : QUOI MANGER ?

TORRES

APÉRITIF,
POISSONS
BLANCS.
HUÎTRES.

SAINT CLAIR

SALADE,
SANDWICH
AU POULET
ET PESTO,
SUSHI.

JUDIA

METS
ASIATIQUES,
FROMAGES.

STE-MICHELLE

POULET GRILLÉ
OU À LA CRÈME.
POISSONS
GRILLÉS.

COSTE DELLE PLAIE

FILETS DE PORC AUX
PETITS FRUITS, MOULES
AUX TOMATES.

BAGATELLE

DINDE DE NOËL,
SAUCISSES SUR
LE BARBECUE.

LORIEUX

PORC GRILLÉ,
SALADE
DE BETTERAVES.

THYMIOPOULOS

AGNEAU.
RISOTTO OU PÂTES
AVEC DES
CHAMPIGNONS.

LEHMANN

HAMBURGERS
OU RAGOÛT
DE BOULETTES..

BISOL

APÉRITIF.

avec le même cépage que celui que vous servez durant le souper.

Si vous voulez remplacer le vin par une autre boisson alcoolique dans une recette, choisissez celles à base de raisin. Les mistelles, le vermouth, le cognac, l'armagnac et le pineau des Charentes sont des spiritueux produits avec du vin et des résidus de raisin, contrairement à la vodka et au gin produits grâce à la distillation de céréales ou de pommes de terre.

Combien de calories buvez-vous ?

Si vous voulez garder la forme et profiter des plaisirs de la table longtemps, ne perdez pas de vue que le vin est une boisson calorique. Un gramme d'alcool (éthanol) équivaut à 7 calories. Plus le vin est riche en alcool, plus le nombre de calories est élevé dans votre verre. Il faut également tenir compte du fait que le vin est une boisson sucrée. Chaque gramme de sucre équivaut à 4 calories. Les vins sucrés, mutés et les mousseux contiennent parfois plus de 40 grammes de sucre résiduel. Ces boissons peuvent rapidement faire exploser votre diète quotidienne.

Sortez la calculatrice. Ci-contre la formule pour compter le nombre de calories dans votre verre.

Combien de calories ?

DEGRÉ
D'ALCOOL
ÉCRIT
SUR LA
BOUTEILLE
DIVISÉ PAR 100

PAR EXEMPLE

14 ÷ 100 = 0,14

RÉSULTAT **(0,14)**
MULTIPLIÉ
PAR LA QUANTITÉ
DE LIQUIDE DANS
VOTRE VERRE

PAR EXEMPLE

0,14 × 142 ml = 19,9

LE NOUVEAU
RÉSULTAT **(19,9)**
MULTIPLIÉ PAR
LA DENSITÉ
D'ALCOOL **(0,8)**
ET LE NOMBRE
DE CALORIES
PAR GRAMME **(7)**
19,9 × 0,8 × 7

RÉSULTAT
111 CALORIES

En moyenne, un verre de rouge de 142 ml
contenant 14 degrés d'alcool contient
111 calories. La même portion de vin blanc à
12 degrés d'alcool équivaut à 95 calories.

L'ORDRE DE SERVICE DES VINS

Choisir les vins pour accompagner un repas n'est pas une mince tâche. Surtout si votre patron, œnophile bien entendu, vient souper. Une fois que l'on a trouvé les vins, déterminer l'ordre de service de ces petites merveilles devient un véritable casse-tête. Pas de panique, c'est plus simple que ça en a l'air.

Peut-on servir du blanc après avoir bu du rouge ?

L'adage « Blanc sur rouge, rien ne bouge. Rouge sur blanc, tout fout le camp » est bien ancré dans notre mémoire collective. Tenez-vous bien, il est faux ! Il est possible de changer la couleur des vins au cours du repas, et ce, plusieurs fois. Il faut plutôt tenir compte des saveurs et des textures des vins lors du service.

Comment établir l'ordre des vins à servir ?

Les vins doivent être servis du plus léger au plus corsé. C'est la règle de base. Ce principe s'applique également lorsque les vins sont de la même couleur. Ainsi, les rouges à base de gamay et de pinot noir, reconnus pour être plus légers, sont servis en premier. Ceux de cabernet sauvignon, de tannat et de malbec, plus corsés, suivent. Pour être certain du choix de l'ordre, goûtez les vins avant le service. Plusieurs vins déjouent les idées préconçues ! Ainsi la bouteille de Moulin-à-Vent du Beaujolais peut s'avérer plus corsée qu'elle en a l'air.

Il existe également une autre règle incontournable dans le service des vins : la bouteille qui suit ne doit jamais faire regretter la précédente. Servez ainsi

DÉGUSTER SANS SE PRIVER

Nul besoin de sortir la calculatrice chaque fois que vous débouchez une bouteille de vin. Pour déguster sans vous priver, buvez de plus petites portions de vin. Si vous comptez manger une part de gâteau triple chocolat après le repas principal, prenez un seul verre de rouge avec le repas plutôt que deux. Servez des fruits séchés et des noix en fin de repas avec vos portos ou des salades de fruits avec vos vins de glace.

LES MÉLANGES

Pour que votre foie vous laisse tranquille le lendemain matin, tentez de ne pas mélanger à plusieurs reprises les types d'alcool durant la soirée.

votre meilleur vin au cours du repas et non pas au début. Cette façon de faire vous évite de terminer la soirée avec une cuvée moins grandiose et moins savoureuse.

Lors du repas, la « sucrosité » des vins est aussi importante. Il faut les servir du plus sec au plus sucré, car un blanc sec paraît beaucoup moins agréable en bouche s'il est dégusté après un vin de dessert.

Doit-on servir les vins jeunes d'abord, les vieux vins ensuite ?

Le goût des vieux vins est souvent plus discret et subtil que celui des vins jeunes. Selon cette logique, ils devraient être placés en premier. Or, si votre Château Margaux 1985 est le clou de votre soirée, vous n'allez pas le servir en premier et déboucher des bouteilles moins prestigieuses par la suite. Et si vous attendez au dernier moment pour l'ouvrir, il se peut que vos invités n'aient plus soif. Que faire ?

Le chroniqueur Marc André Gagnon suggère de servir les vieux vins aux côtés des plus jeunes, mais dans différents verres. Cette façon de faire permet de les comparer et surtout, d'apprendre davantage. Bonne idée ! Si jamais vous n'ouvrez qu'un seul vin, votre Margaux 1985 ira avec votre plat principal.

Combien de bouteilles acheter lorsqu'on reçoit ?

Une bouteille de 750 ml permet de servir six verres de vin de quantité raisonnable, soit de 125 ml. En deçà de ce ratio, les quantités servies sont trop petites. Si chaque invité consomme environ deux verres, une bouteille permet donc de servir trois personnes. Vous vous demandez combien de bouteilles acheter pour un repas ? C'est simple ! Il suffit de diviser le nombre de convives par trois et d'arrondir le chiffre à la hausse. De cette façon, vous êtes certain de ne pas en manquer.

Doit-on ouvrir la bouteille reçue en cadeau ?

Non. À moins d'avoir spécifiquement demandé à vos invités d'apporter le vin pour accompagner le repas, ne vous sentez pas obligé d'ouvrir la bouteille reçue en cadeau. Il en va de même pour les fleurs, la boîte de chocolats ou les biscuits que vous recevez. Vous n'êtes pas obligé de les partager, mais mentionnez à votre invité que vous la gardez pour une prochaine occasion. Et c'est peut-être pour le mieux ! En n'ouvrant pas la bouteille de vin, vous évitez de montrer votre déception à celui qui vous l'a offerte si jamais le vin n'est pas à votre goût.

Ordre de dégustation

Si vous aviez à servir les dix vins présentés en dégustation dans le présent ouvrage, voici l'ordre que je vous recommande :

1er	2e	3e	4e	5e
10	01	03	05	02
BISOL	TORRES	JUDIA	COSTE DELLE PLAIE	SAINT CLAIR

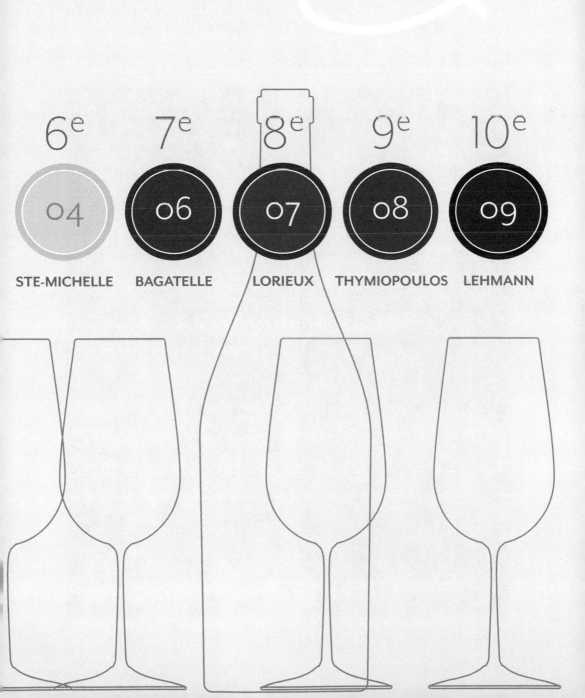

6ᵉ **04** STE-MICHELLE

7ᵉ **06** BAGATELLE

8ᵉ **07** LORIEUX

9ᵉ **08** THYMIOPOULOS

10ᵉ **09** LEHMANN

LES TEMPÉRATURES DE SERVICE

La température de service a une influence insoupçonnée sur votre vin. Servi trop chaud, le vin sentira et goûtera davantage l'alcool, ses tannins sembleront joufflus et la boisson perdra son pouvoir rafraîchissant. À l'inverse, servi trop froid, les arômes du vin seront masqués et ses tannins seront trop durs. C'est pourquoi il est important de servir le vin à la bonne température.

Quelle est la bonne température ?

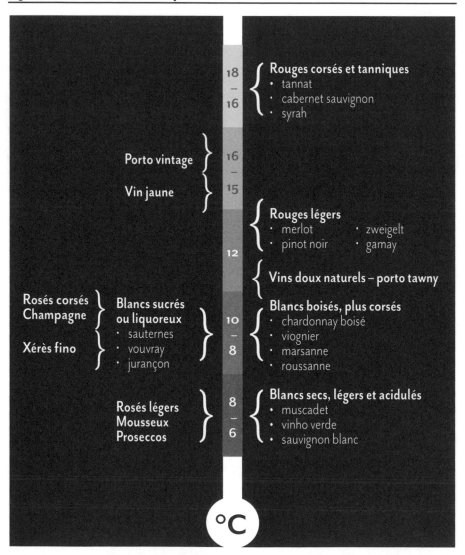

Porto vintage

Vin jaune

18 – 16

Rouges corsés et tanniques
- tannat
- cabernet sauvignon
- syrah

16 – 15

Rouges légers
- merlot
- pinot noir
- zweigelt
- gamay

12

Vins doux naturels – porto tawny

Rosés corsés
Champagne

Xérès fino

Blancs sucrés ou liquoreux
- sauternes
- vouvray
- jurançon

10 – 8

Blancs boisés, plus corsés
- chardonnay boisé
- viognier
- marsanne
- roussanne

Rosés légers
Mousseux
Proseccos

8 – 6

Blancs secs, légers et acidulés
- muscadet
- vinho verde
- sauvignon blanc

°C

CAPSULE DÉGUSTATION : TEMPÉRATURE

Vins blancs

TORRES
6-8 °C

SAINT CLAIR
8-10 °C

JUDIA
8-10 °C

STE-MICHELLE
10-12 °C

Vin rosé

COSTE DELLE PLAIE
8-10 °C

Vins rouges

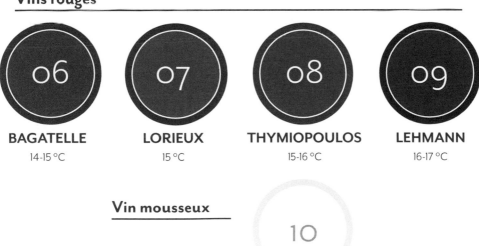

BAGATELLE
14-15 °C

LORIEUX
15 °C

THYMIOPOULOS
15-16 °C

LEHMANN
16-17 °C

Vin mousseux

BISOL
6-8 °C

Mes trucs pour refroidir le vin

Lorsque les amis débarquent à l'improviste, la maison est toujours en désordre et il n'y a jamais de vin au frais. C'est comme ça! Pendant que vous glissez quelques morceaux de casse-tête sous le divan, prenez la bouteille rangée sur le comptoir et suivez mes directives. En un tournemain, votre vin sera à la bonne température.

....

LES BLANCS SECS, LES ROSÉS et LES MOUSSEUX doivent être versés autour de 10 degrés Celsius. Comment faire pour que leur température passe de 22 degrés Celsius à 10?

AU RÉFRIGÉRATEUR: placez-y la bouteille pendant deux heures.

AU CONGÉLATEUR: placez-y la bouteille pendant une vingtaine de minutes.

DANS UN SEAU À GLACE: placez-y la bouteille une dizaine de minutes.

....

LES ROUGES sont servis en moyenne autour de 15 degrés Celsius. Réduisez ce chiffre de quelques degrés si c'est un rouge léger et augmentez-le d'un ou deux degrés si c'est un rouge plus costaud. Comment faire pour abaisser la température du vin de 22 degrés Celsius à 15?

AU RÉFRIGÉRATEUR: placez-y la bouteille pendant une heure.

AU CONGÉLATEUR: placez-y la bouteille pendant une dizaine de minutes.

DANS UN SEAU À GLACE: placez-y la bouteille et vérifiez au bout de cinq minutes.

....

LA BONNE TEMPÉRATURE
Le vin gagne toujours un ou deux degrés lorsqu'il est versé dans le verre. Pour ne pas le servir trop chaud, servez le vin légèrement plus frais que la température souhaitée, sachant qu'il sera à la bonne température une fois dans votre verre.

Comment préparer le seau à glace idéal ?

Inutile de sortir tous les glaçons de votre congélateur ni de remplir d'eau votre contenant jusqu'à ras
bord pour refroidir votre bouteille. Le seau à glace
idéal contient un tiers de glace, un tiers d'eau et une
pincée de sel. Du sel ? Oui, mais pas de poivre ! Le
sel a pour effet de fondre la glace plus rapidement
(comme sur les trottoirs en hiver). La température
de l'eau chute ainsi très rapidement, mais elle ne
peut geler de nouveau à cause du sel. Résultat :
votre bouteille refroidit plus rapidement.

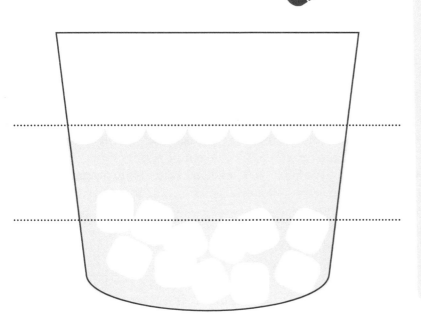

Photo : Patrick Woodbury

QUAND ON APPORTE SON VIN

Si vos hôtes vous demandent d'apporter le vin pour le repas, mettez la bouteille au frigo au moins deux heures avant de quitter la maison et si c'est un blanc, transportez-le dans une glacière jusqu'à destination.

Attention, cependant. Si vous attendez de boire votre vin depuis des années, n'allez pas le brusquer en plongeant la bouteille dans un seau à glace. Si les enfants n'hésitent pas à se lancer tête première dans une piscine d'eau glacée, c'est bien connu, les adultes prennent plus de temps pour se mouiller. Faites de même avec les vieux vins. Prenez le temps de les refroidir au réfrigérateur ou de remettre la carafe dans votre cave avant de servir.

Comment maintenir la température d'un vin en carafe ?

Ce n'est pas parce que le vin est servi en carafe qu'il ne devrait pas être servi à la bonne température. Pour ce faire, placez la carafe au frigo ou dans votre cellier en attendant que les invités débarquent. Dans le cas d'un blanc, il existe des carafes possédant des cavités ou des socles dans lesquels on peut ajouter des glaçons pour maintenir la température du liquide.

Que faire si le vin est servi trop froid ?

Dans une réception ou dans la cave d'un vigneron, il n'est pas rare que le vin soit servi trop froid. Le moyen le plus efficace pour augmenter rapidement la température du vin est de le réchauffer avec les paumes de vos mains. Scandale ! Je sais bien qu'il ne faut pas mettre nos doigts sur le globe au risque de le salir (et de réchauffer le liquide !). Vous connaissez maintenant l'exception ! En mettant vos mains sur le globe et en faisant tourner le liquide doucement dans votre verre, la température augmentera en quelques minutes. Vous pourrez alors reprendre le verre… par la jambe (tige).

Que faire si le vin est servi trop chaud ?

Il n'existe pas de moyen subtil pour abaisser la température du vin. Si vos hôtes vous servent le vin trop chaud, demandez-leur de mettre la bouteille dans un seau rempli d'eau et d'un peu de glace au risque de les vexer.

La prochaine fois que vous leur rendrez visite, offrez-leur en cadeau des glaçons en inox qui refroidissent le vin. Vous pourrez ainsi leur demander d'ajouter un glaçon dans votre rouge si le vin est une fois de plus servi trop chaud !

DES GLAÇONS
Si votre vin est trop chaud, ne tentez pas de le refroidir en plaçant des glaçons dans votre verre. C'est une bien mauvaise idée ! En fondant, le glaçon diluera la boisson et ses qualités. Si le vin est trop chaud, sortez le sceau à glace et patientez quelques minutes.

LES BOUTEILLES ENTAMÉES

LES POMPES À AIR

Les pompes à air ou les produits de gaz inerte sont utiles pour conserver les bouteilles entamées, mais ils ne sont pas indispensables. Vos bouteilles de 375 ml sont tout aussi efficaces et moins dispendieuses pour conserver le liquide d'une bouteille entamée que ces gadgets.

DES BULLES

Le journaliste et chroniqueur vin Jacques Benoît ajoute de l'azote, vendue dans les boutiques spécialisées, dans ses bouteilles de bulles. Ils les rebouchent ensuite avec un bouchon de liège standard. Ce procédé lui permet de les conserver quelques jours.

Votre « vin du jeudi » acheté à bon prix est bien meilleur que vous l'aviez espéré. Vous mourez d'envie de terminer la bouteille… mais vous savez alors qu'il sera difficile de rentrer au bureau le lendemain. Inutile de puiser dans votre banque de congés pour ne pas « gaspiller » votre vin. Suivez plutôt mes conseils…

Combien de jours une bouteille entamée se garde-t-elle ?

Une fois ouvertes, les bouteilles se conservent en moyenne deux à trois jours au réfrigérateur. Cette durée est toutefois très variable selon le type de vin. Dans le cas des rouges, les tannins agissent comme agent de conservation. Certains placés au frigo seront toujours aussi bons, voire meilleurs, après trois ou quatre jours.

Pour les blancs, si certains s'oxydent et perdent leurs qualités aromatiques et gustatives rapidement, d'autres, particulièrement ceux où l'acidité est plus élevée, se gardent plus de trois jours sans problème au frigo.

Quant aux vieux vins, ils sont plus fragiles et se détériorent rapidement. Si vous ne terminez pas la bouteille le soir même, placez-la au frigo et finissez-la le lendemain.

Les vins sucrés comme les vins de glace et les sauternes, ainsi que les vins fortifiés comme les portos, se conservent quant à eux une dizaine de jours au frigo et parfois quelques jours de plus. Dans le premier cas, c'est le sucre, et dans l'autre l'ajout d'alcool qui agit comme agent de conservation.

Photo : Patric Woodbury

Comment conserver ses bouteilles entamées ?

Le moyen le plus efficace est de transvider le contenu de vos bouteilles entamées dans un plus petit format, par exemple des bouteilles de 375 ml. Vous réduisez ainsi le contact entre l'air et le liquide et vous pouvez par la même occasion garder le vin un peu plus longtemps !

N'oubliez pas de placer vos bouteilles au frigo. Le froid et l'absence de lumière ralentissent aussi l'oxydation du liquide.

Comment garder ses vins effervescents ?

Une fois le bouchon sauté, les vins effervescents sont plus difficiles à conserver que les autres bouteilles. En plus de l'oxydation qui fait son travail, le gaz s'évapore. Mon conseil : rebouchez la bouteille (avec un vieux bouchon de porto ; par exemple), remettez le muselet (pour retenir le bouchon) et glissez-la au frigo. Il existe aussi des bouchons spécialement conçus pour retenir le gaz dans les vins effervescents. Ils sont très efficaces.

?

UNE CUILLÈRE DANS LE GOULOT

Placer une cuillère dans le goulot d'un mousseux entamé ne préserve pas son effervescence. Ce « remède de grand-mère » a été remis en question en 1995 à la suite de tests réalisés par trois chercheurs français. Ils ont analysé l'effervescence de bouteilles de champagne entamées avec et sans petite cuillère dans le goulot. Le résultat est le même dans les deux cas : le vin s'oxyde et perd son gaz.

SECTION 5

À la cave

Beaucoup d'amateurs accumulent avec plaisir (et fierté) des bouteilles dans leur cave. Cette réserve leur permet d'avoir toujours à boire lorsque les amis se pointent à l'improviste et d'attendre avec patience que certains vins se bonifient avec le temps. Au moment de les ouvrir, le sentiment de goûter un souvenir du passé est toujours palpable et inoubliable. Ça vous intéresse de vous y mettre ? Voici les réponses à vos principales questions.

CRÉER SA CAVE

Une cave à vin n'est pas toujours un « bel » endroit. Une étagère placée dans un placard ou un sous-sol peut faire l'affaire... en autant que l'on respecte quelques règles de base.

Quelles sont les conditions d'une bonne cave à vin ?

1. Une température stable, comprise entre 12 et 14 degrés Celsius. Cette condition permet au vin de ne pas vieillir prématurément.

2. Une humidité maintenue entre 50 et 75 %. Dans une cave trop sèche, les bouchons pourraient se dessécher et laisser le vin s'écouler. Ne vous inquiétez pas si l'humidité diminue pendant quelques mois, en hiver par exemple, autour de 30 %. Les bouteilles et leurs bouchons ne sont pas si fragiles. Surveillez cependant que l'humidité ne monte pas au-dessus de 80 % sinon, le bouchon et l'étiquette pourraient moisir.

3. Le vin doit être conservé dans une pièce sombre et absente d'odeurs.

VIBRATIONS
On conseille souvent de conserver les bouteilles dans un endroit sans vibrations. Est-ce vraiment utile ? Selon plusieurs experts, vos bouteilles peuvent supporter quelques soubresauts en autant que vous ne les installiez pas sur un marteau-pilon...

Faut-il dépenser une fortune pour bâtir sa cave à vin ?

Non. On peut bâtir une cave à vin aux conditions de garde parfaites et dont le *look* est spectaculaire, mais ces chefs-d'œuvre coûtent une fortune. Si vous préférez investir cet argent dans vos bouteilles, un endroit frais dans votre sous-sol, par exemple un placard orienté au nord-est, peut suffire pour entreposer vos cuvées d'exception. Pour ce faire, réduisez le chauffage dans cette pièce et placez-y chaque semaine un bol d'eau pour maintenir un taux d'humidité adéquat. Aussi simple que ça !

Si la température monte à 20 degrés Celsius en été ? Pas de panique. Le vin n'aime pas les écarts de température brusques. Si cette transition s'effectue lentement au gré des saisons, vos bouteilles tiendront le coup. Tenez toutefois compte de ces variations dans vos estimés de potentiel de garde. S'il fait plus chaud, les vins vieilliront plus vite.

Une fois la cave bâtie, il faut se faire un budget. Car ce qui coûte le plus cher, c'est l'achat des bouteilles, bien entendu. Vous verrez plus loin qu'avec un peu d'initiative et d'audace, il est possible de faire vieillir des vins peu dispendieux. Il est aussi recommandé d'acheter au moins trois (idéalement six) bouteilles de chaque vin. À ce rythme, la facture et la valeur de la cave montent vite. N'oubliez pas d'assurer son contenu.

Quelle est la différence entre les celliers et les refroidisseurs à vin ?

Les celliers ou les armoires à vin coûtent cher, mais possèdent les mêmes qualités qu'une cave à vin. Ils sont souvent encastrables et leurs tablettes coulissantes facilitent leur utilisation. Ils sont donc parfaits pour conserver vos bouteilles pendant

À L'HORIZONTALE
Il est préférable de conserver ses bouteilles couchées afin que le bouchon conserve son élasticité et qu'il ne sèche pas. Si le bouchon sèche, l'air entrera plus facilement dans la bouteille et du même coup, le vin s'oxydera. Aussi, si le bouchon rétrécit, le liquide risque de s'écouler de la bouteille.

plusieurs années. Quant aux refroidisseurs (ces petits réfrigérateurs vendus à bas prix), ils ne possèdent pas tous les critères de base. Ils maintiennent rarement le taux d'humidité adéquat. Leur porte est souvent en verre transparent qui laisse entrer la lumière. Leur moteur n'est souvent pas isolé, donc produit des vibrations. Conclusion : ils ne sont pas adéquats pour la longue garde des vins. Vous en avez un à la maison ? Inutile de le mettre aux ordures. Ajoutez y vos blancs, vos mousseux et vos rosés de consommation rapide et rangez vos grands crus au sous-sol.

CHOISIR SES VINS DE GARDE

Une fois que vous avez négocié avec votre tendre moitié un espace pour accumuler vos bouteilles, il faut les choisir. C'est là que le plaisir commence.

Qu'est-ce qu'un vin de garde ?

C'est un vin qui se bonifie avec le temps. Comme pour vos anciens amis du secondaire, tous les vins ne traversent pas les âges avec élégance. Certains semblent vieillir plus vite que les autres. D'autres encore manquent d'équilibre et de finesse. Et il y a ceux qui semblent avoir trouvé la fontaine de jouvence : malgré les années qui passent, ils restent droits et raffinés. Voilà les vins qu'il faut mettre en cave.

Au moment de la mise en bouteille, les tannins et l'acidité sont très présents. Avec les années et grâce au mince échange avec l'air, ils s'adoucissent et deviennent plus agréables. C'est à ce moment que les arômes de fruits des vins de garde se dévoilent et évoluent. Vous découvrez alors que le rouge vigoureux d'il y a quelques années est devenu épanoui et élégant. Vous serez charmé !

Ce phénomène ne se produit pas chez tous les vins. Avec le temps, les arômes de fruits de certains vins se fanent et disparaissent. Ne restent alors que le côté boisé et l'alcool. Dommage.

Comment reconnaître dès leur jeunesse les vins qui vieilliront bien ?

La première chose à faire est de goûter ! Vous pouvez bien sûr vous fier à vos experts préférés au moment de choisir les bouteilles à ajouter à votre cellier. Néanmoins, le meilleur juge, c'est vous ! Vous rechercherez également certaines caractéristiques.

ACIDITÉ, TANNINS ET FRUITS : assurez-vous qu'en jeunesse, le vin possède une importante trame tannique et une bonne acidité. Ces deux éléments sont primordiaux pour que la bouteille traverse les âges. Mais ce n'est pas tout. Derrière ces deux

?

LES MAGNUMS

Le vin a tendance à vieillir plus lentement dans les magnums, ces bouteilles de 1,5 litre. Pourquoi ? Parce qu'il y a plus de liquide en contact avec une petite quantité d'air, le vin s'oxyde moins vite. Plusieurs sont donc d'excellents vins de garde.

Les magnums sont toutefois rares et chers. D'une part, parce que les vignerons en produisent peu. Ils sont donc recherchés des collectionneurs. D'autre part, la bouteille (vide), le bouchon et le mécanisme d'embouteillage ne sont pas les mêmes que pour les bouteilles régulières et sont plus chers.

éléments, il doit y avoir du fruit. Car une fois l'acidité et les tannins assouplis, ce sont les arômes de fruit qui doivent prendre le relais. Sinon, vous ouvrirez un rouge fade.

ÉQUILIBRE ET LONGUEUR : si le vin est court en bouche et manque d'équilibre en jeunesse, il ne devrait pas se retrouver dans votre cave. À coup sûr dans vingt ans, il sera toujours aussi court, peu équilibré et… décevant.

CÉPAGES : investissez dans des cépages reconnus pour leur grand potentiel de garde comme le nebbiolo, le cabernet sauvignon, le côt (le malbec de Cahors) et la syrah. Quant à la plupart des pinots noirs, des cabernets francs (Loire) et des gamays (crus du Beaujolais), leurs tannins plus délicats devraient vous inciter à réduire la durée du séjour dans votre cave.

RÉPUTATION : avant de dépenser une fortune sur une bouteille, renseignez-vous sur le producteur et sur son domaine. Ses cuvées sont-elles reconnues pour leur potentiel de garde ? Si vous n'êtes pas convaincu, réduisez le nombre de bouteilles que vous achetez.

AUDACE : certains vins vendus bon marché, élaborés avec des cépages plus fragiles et produits dans des appellations moins réputées nous réservent parfois de grandes surprises. Après dix ans en cave, ils se révèlent grandioses. Pour les découvrir et les connaître, il n'y a pas de truc miracle : il faut les essayer et être audacieux.

Est-ce que les blancs secs se gardent aussi longtemps que les rouges ?

Non. Dépourvus de tannins, les blancs sont moins protégés contre l'oxydation. Est-ce que cela signifie que vous ne devriez pas en avoir dans votre cave ?

Non plus. Plusieurs blancs peuvent vieillir… mais moins longtemps que la majorité des rouges. Les blancs qui contiennent un peu de sucre résiduel comme les rieslings allemands, les chenins blancs de la Loire, les jurançons ainsi que les grands crus de Bourgogne, à base de chardonnay déjouent parfois les idées préconçues. Les vins jaunes du Jura et les vins très sucrés, comme les sauternes ou les vins de glace, traversent les décennies et parfois même les siècles, avec brio.

Quels vins mettre en cave ?

Des vins que vous aimez ! Si vous ne buvez pas de vins sucrés, inutiles d'en avoir une caisse dans votre cave, même s'ils vieillissent bien.

Le secret d'une bonne cave est de choisir des vins avec des potentiels de garde différents. Achetez ainsi quelques bouteilles de bulles à ouvrir au cours des cinq prochaines années, des blancs délicieux à déguster dans dix ans et des rouges prêts dans quelques décennies. Vous aurez ainsi toujours une bouteille à ouvrir et non pas, une centaine à boire dans… trente ans.

Surtout, soyez patient. Garnir sa cave à vin demande du temps. Goûtez des vins, découvrez vos préférences et attendez les aubaines, car accumuler des bouteilles coûte cher.

À la naissance d'un enfant, pensez à acheter quelques bouteilles de l'année. Vous n'arriverez pas à la chambre de naissance avec ces cuvées en main, car plusieurs vins de garde sont mis en marché quelques années après la vendange. Mais lorsque vous lui offrirez une bouteille à ses 18 ans, vous aurez autant d'histoires à raconter que de liquide dans la bouteille.

Comment savoir à quel moment ouvrir sa bouteille ?

Il n'y a pas de formule magique pour savoir quel est le meilleur moment pour ouvrir un vin. Il faut le goûter ! C'est pourquoi il est recommandé d'acheter un minimum de trois bouteilles (la quantité idéale est six) de chaque vin après l'avoir goûté une première fois. De cette façon, vous pouvez vérifier à plusieurs reprises au cours de la garde comment se comporte le vin en cave.

Si vous prévoyez déboucher votre grand cru du millésime de naissance de votre fils pour ses 20 ans, débouchez d'abord une première bouteille cinq ans avant. Vous pourrez alors évaluer si le vin tiendra le coup ou non. Si oui, débouchez l'autre à la date choisie. Pourquoi une troisième ? Si jamais la deuxième est bouchonnée, vous serez heureux d'en avoir une en réserve. Si elle ne l'était pas, la troisième sera du pur plaisir !

« Zut ! Cette bouteille aurait pu vieillir encore dix ans ! » Ne soyez pas déçu. Dites-vous qu'il vaut mieux avoir bu votre vin trop jeune que trop vieux, comme le répète souvent le sommelier Jacques Orhon. Tirez les leçons de cette dégustation. La prochaine fois que vous mettrez un vin de la même appellation ou du même producteur en cave, vous pourrez attendre quelques années de plus avant de l'ouvrir.

Est-ce que les vins pas chers peuvent bien vieillir ?

Bien entendu. Un vin de Cahors vendu à 18 $ peut être aussi bon dans 10, voire 15 ans, que certains vins vendus le double du prix. Pour trouver ces aubaines, il faut courir des risques. Les rouges du Languedoc et du sud-ouest de la France, ceux de la Ribera del Duero et de la Rioja en Espagne, les rouges secs de la vallée du Douro au Portugal et ceux de l'appellation Langhe en Italie ont des potentiels de garde parfois sous-estimés. Faites le test.

Est-ce qu'un vin très cher va nécessairement vieillir plus longtemps ?

Non. Le prix des vins n'est pas fixé selon leur potentiel de garde, mais plutôt selon la rareté, les méthodes de production, la demande et la réputation du produit. Au-delà de 50 $, la qualité de la plupart des vins est souvent équivalente.

Peut-on mettre à la cave un vin obturé avec une capsule à vis ?

Oui. Toutefois, puisque ces bouchons sont plus hermétiques que le liège, l'évolution du vin devrait être plus lente. L'utilisation de la capsule à vis étant assez récente, il existe encore peu d'études sur l'évolution de ces vins à très long terme. C'est pourquoi les vignerons y embouteillent des vins réputés pour leur fraîcheur, leurs fruits et leur croquant à consommer plus rapidement. Néanmoins, de nombreux producteurs effectuent des tests dans leurs caves. Ils conservent ces vins à long terme… et ils sont surpris. Est-ce que les vins de garde de l'avenir seront bouchés avec des capsules à vis ? Peut-être !

RAPPORTER DU VIN DE VOYAGE

Un bon moyen pour garnir sa cave de vins rares est de rapporter quelques bouteilles dénichées en voyage. Ça semble simple ? Pas tout à fait. Pour cela, il faut connaître les règles du jeu.

Combien de bouteilles peut-on rapporter de voyage ?

Après un séjour de plus de 48 heures hors du pays, vous pouvez transporter jusqu'à 14 bouteilles, ou 10,5 litres d'alcool, dans vos bagages. Deux d'entre elles seront exemptes de taxes. Pour les autres, il faut payer les droits de douane et les taxes. Attendez-vous à ce que ces frais fassent doubler le prix de chaque bouteille.

Pour calculer le montant des frais applicables, les douaniers prennent en compte plusieurs critères : le coût d'achat de la bouteille, son pays d'origine, le type de boisson et sa teneur en alcool. Si vous ne possédez pas de preuves d'achat, l'agent en estimera lui-même la valeur.

Est-ce qu'un vigneron à l'extérieur de la province peut vous envoyer des vins par la poste ?

Oui. Il faut cependant se procurer une autorisation auprès de la société d'État pour les recevoir, car selon la Loi canadienne sur les boissons enivrantes, les bouteilles d'alcool «ne peuvent être expédiées au Canada». Ce permis est accordé dans un délai de 24 à 48 heures.

LE MOT DE LA FIN :
POUR DEVENIR ENCORE MEILLEUR

Maintenant que vous savez déguster, que vous connaissez le vin sous toutes ses coutures et que vous possédez votre cave, comment faire pour devenir encore meilleur ?

Karyne dans la vallée de l'Okanagan

Pratiquez en groupe. Il n'existe pas de meilleur moyen pour apprendre que de confronter ses idées et ses opinions avec celles des autres amateurs de vin. Chaque région du Québec possède ses clubs de vin. Vous trouvez ça intimidant ? Réunissez-vous entre amis et membres de la famille. Demandez à vos invités d'apporter une bouteille en accord avec votre menu et de vous le servir à l'aveugle. Ce jeu amusera tous vos convives et vous permettra d'apprendre.

Si vous comptez ouvrir deux bouteilles, servez-les côte à côte : deux différents bordeaux de la même année, deux pinots gris, l'un d'Alsace, l'autre de l'Oregon. Vous pourrez ainsi les comparer et noter leurs différences.

Voyagez ! Les vignerons adorent la visite. Ils parlent pendant des heures de leurs vignes, de leurs sols et servent des vins spectaculaires. Nul besoin d'aller très loin pour cela. Au Québec, en Ontario et tout près, aux États-Unis, des producteurs vous attendent.

Qui sait, on s'y croisera peut-être !

Karyne

MILLE MERCIS

D'abord à mon professeur, mentor et ami, Jean-Pierre Renard. Sans vous, le vin ne m'aurait jamais dévoilé « ses secrets ». Merci d'avoir reconnu mon talent de dégustatrice et de m'avoir donné tous les outils pour l'exploiter.

Au journal *La Presse,* qui me publie depuis 2011.

À Stéphanie Bérubé, journaliste à *La Presse*. Merci pour ta confiance, pour tes inestimables conseils et pour tes encouragements. Tu as été mon tremplin dans le monde du vin.

Aux Éditions La Presse, plus particulièrement à Caroline Jamet, à Sandrine Donkers, à Rachel Monnier, à Nathalie Guillet et enfin, à Martine Pelletier. Merci pour votre confiance, votre soutien et votre expertise.

À Jacques Benoit, journalise à *La Presse*. C'est un honneur de travailler aux côtés d'un homme qui marque le milieu du vin comme vous le faites. Merci.

À Marc André Gagnon, de Vinquebec.com. Merci pour votre écoute, pour vos conseils, pour votre temps et votre expertise.

À Martin, mon conjoint. Merci pour tes idées, pour ta patience et pour tes talents en cuisine qui nous permettent de partager cet amour du vin.

À Arthur, mon fils. Merci de m'avoir poussé, inconsciemment, à faire de cette passion du vin mon métier. Merci de ta patience pour toutes les fois où le vin a empiété sur mon rôle de mère. Ta curiosité me pousse chaque jour à découvrir de nouvelles odeurs.

SANS OUBLIER...

Merci aux sommeliers Hélène Dion et Guénaël Revel, à l'œnologue Denis Dubourdieu, aux chercheurs Axel Marchal, Olivier Yobregat et Jean-Louis Escudier, pour vos précisions, pour vos conseils et pour votre aide. Merci aussi à Sofia Salvador de Vini Portugal et aux photographes Isabelle Paille et Patrick Woodbury.

Merci aux employés de la Société des alcools du Québec qui répondent à mes nombreuses questions jour après jour ainsi qu'à toute l'équipe de Ricardo Média.

Merci aux agences d'importation de vin et aux vignerons qui me permettent de goûter une grande panoplie de vins et qui répondent aussi à mes questions, souvent à la dernière minute.

Enfin, merci à tous les œnophiles qui me lisent, me posent des questions et qui ont contribué à rendre ce livre meilleur.

BIBLIOGRAPHIE

BENOiT, Jacques, *Bouquets et arômes*, Éditions
La Presse, 2007

DE PALMA, France, *La bible des accords mets &
vins*, Caractère, 2006

GALET, Pierre, *Les grands cépages*, Hachette, 2006

LAVIGNAC, Guy, *Cépages du Sud-Ouest*,
Éditions du Rouergue, 2001

LENOIR, Jean, *Le nez du vin (le grand coffret)*,
Éditions Jean Lenoir, 2006

LENOIR, Jean, *Les défauts – Le nez du vin (les
défauts du vin)*, Éditions Jean Lenoir, 2006

MESSAL, Aurore, *La biodynamie, la vigne et le
vin*, Féret, 2012

PEYNAUD, Émile et Jacques BLOUIN, *Le goût
du vin*, Dunod, 2006

REVEL, Guénaël, *Guide Revel des champagnes et
autres bulles*, Modus vivendi, Canada, 2012

JOHNSON, Hugh et Jancis ROBINSON, *L'Atlas
mondial du vin*, Flammarion, 2008

SOCIÉTÉ DES ALCOOLS DU QUÉBEC, *Les
Connaisseurs, Vins cycle 1 – Un monde à découvrir*, 2003

INDEX